项目资助：重庆市教育科学“十三五”规划2019年度重点项目
项目名称：“互联网+”背景下高校产学研协同创新模式与路径研究
项目编号：2019-GX-138

产学研深度融合机制构建与实践

杜茂华 陈 莉◎著

经济管理出版社
ECONOMY & MANAGEMENT PUBLISHING HOUSE

图书在版编目（CIP）数据

产学研深度融合机制构建与实践 / 杜茂华，陈莉著 .—北京：经济管理出版社，2021.10

ISBN978-7-5096-8253-1

Ⅰ . ①产…　Ⅱ . ①杜… ②陈…　Ⅲ . ①产学研一体化—研究　Ⅳ . ① G640

中国版本图书馆 CIP 数据核字（2021）第 211777 号

组稿编辑：王格格

责任编辑：王格格

责任印制：黄章平

责任校对：陈　颖

出版发行：经济管理出版社

（北京市海淀区北蜂窝 8 号中雅大厦 A 座 11 层　100038）

网　　址：www. E-mp. com. cn

电　　话：（010）51915602

印　　刷：北京晨旭印刷厂

经　　销：新华书店

开　　本：787mm × 1092mm /16

印　　张：12

字　　数：184 千字

版　　次：2021 年 11 月第 1 版　　2021 年 11 月第 1 次印刷

书　　号：ISBN 978-7-5096-8253-1

定　　价：88.00 元

前言

INTRODUCTION

党的十九届四中全会审议通过的《中共中央关于坚持和完善中国特色社会主义制度、推进国家治理体系和治理能力现代化若干重大问题的决定》提出了建立以企业为主体、市场为导向、产学研深度融合的技术创新体系的总体要求，将其作为完善科技创新体制机制系列部署中的关键环节。党和国家关于产学研协同创新、深度融合的总体思路基本成形，相关政策导向日益清晰。在建设社会主义现代化强国的宏伟进程中，产学研协同创新、深度融合正发挥着关键作用。

本书拟通过梳理国内外产学研协同创新的发展历程，分析在产学研协同创新到深度融合的演进过程中，企业、高校、科研机构以创新资源共享、优势互补为基础，以合作研发、利益共享、风险共担为原则，形成利益共同体，开展科技创新，推进成果转化的体制机制形成与变革的机理。从宏观层面探讨新时代我国政府产学研协同创新的政策导向演变的历程。结合新时代我国产学研协同创新、深度融合发展的基本态势，研究产学研协同创新到深度融合的基本路径，构建产学研深度融合的创新模式。从产业（企业）、高等院校、研发机构、政府部门的视角，探索不同主体在协同创新深度融合体系中的功能与职责，研究政产学研用五位一体协同创新体系运行与保障机制，提出产学研深度融合创新机制的实现路径。

杜茂华　陈莉

2021年7月

目录

Contents

绪　论

1985年以来，中国科技体制改革历经“科学的春天”“科教兴国”“建设创新型国家”“创新驱动发展”等多次重大战略调整和变革，科技体制改革和重大科研成果都取得了丰硕的成就。但长期以来形成的科技与经济“两张皮”问题依然存在，科技进步与经济发展脱节导致科技竞争力与经济实力仍然不相称。进入新时代后，党中央、国务院高度重视科技创新工作，把创新放到新发展理念之首，制定出台了《国家创新驱动发展战略纲要》，印发了《中共中央　国务院关于深化体制机制改革加快实施创新驱动发展战略的若干意见》《国务院关于强化实施创新驱动发展战略进一步推进大众创业万众创新深入发展的意见》等一系列关于科技创新体制机制的重要文件，做出相关重大战略部署。

党的十九届四中全会审议通过了《中共中央关于坚持和完善中国特色社会主义制度、推进国家治理体系和治理能力现代化若干重大问题的决定》（以下简称《决定》），立足加快建设创新型国家全局，重申党的十九大报告关于建立以企业为主体、市场为导向、产学研深度融合的技术创新体系的总体要求，将其作为完善科技创新体制机制系列部署中的关键环节，对新时代我国企业、高校、科研院所的协同创新，开创合作共赢新局面，提出了新的更高要求，意义非常重大。由此，党和国家关于产学研协同创新、深度融合的总体思路基本成形，相关政策导向日益清晰。

产学研协同创新，是企业、高校、科研机构以创新资源共享、优势互补为基础，以合作研发、利益共享、风险共担为原则，组合形成一段时期的利益共同体，共同开展科技创新，推进成果转化。

国内外产学研各方由初期的专项合作，逐渐演进到近期的协同创新及深度融合，概括起来主要有四种路径。

一是政府政策引导和搭建平台。1933 年日本成立全国性产学合作研究委员会，1988 年发布《大学技术转让促进法》。1975 年起，英国实施鼓励科技界与产业界合作的系列计划。1984 年美国颁布《国家合作研究法案》，鼓励形成科技工业园区、“工业 + 大学”合作研究中心等模式。韩国产学研京畿地域协议会专项支持“产学协力革新”。

2012 年我国启动“2011 协同创新中心”项目，后与“十三五”期间“双一流”建设项目合并，目前部分省份政府引导项目还在抓紧运行（如广东、江西等）。

二是行业企业主导多方合作。德国西门子公司与慕尼黑工业大学等高校建立“知识—资本”互换产学研联盟。芬兰的企业、大学和研究机构之间形成信息交流和技术交流创新机制。美国形成扁平化自治型的硅谷创新网络，建成北卡罗来纳州三角科技园等，多数高科技企业均与高校专家和研究团队密切合作。

中华人民共和国成立以来特别是改革开放以来，我国行业部委所属高校和 20 世纪 90 年代后期改革后行业特点突出的高校，均同相关行业企业保持密切合作、共同研发的关系。

三是高校为基地吸引企业合作。英国华威大学的校企合作，卢森堡大学的校银合作，芬兰、爱尔兰、瑞典等基于一流大学的协同创新网络，都各具特色。

我国部分高水平研究型大学和各类校际联盟也会邀请企业进驻校园设置工程中心、实验室、工作站等，并在学校周边或其他地区合办科技园区，注重与区域内其他科研院所的合作。

四是各方联手打造区域集群。2007~2013 年，欧盟推动在特定产业和区域中设立由创新实验室、企业、科研机构和大学共同参与的“创新集群”。北京“中关村协同创新计划”依托园区，汇集清华大学、北京大学等 27 所大学，中国科学院等 30 余家研究所，以及 50 家国家级科研机构进行专项合作；武汉东湖高新区（光谷）建设八大产业园区，集聚 42 所高校、56 个国家及省部级科研院所与企业协同创新。

总体上看，产学研协同创新由浅入深，存在着一个基本路径：各方达成一般性资源共享协议，实现单个或若干个项目合作，开展跨机构多项目协作，设立网络联盟，建立战略联盟，而建立战略联盟则是深度融合的最高水平。目前，全球范围内基本形成两大动力：一是政府调控下引导外部需求推动，多见于中国、日本、韩国和多数欧洲国家；二是参与各方主要靠内在利益契约驱动，多见于美国和少数欧洲国家，中国也已经起步。其中，产学研各方利益协调至关重要，须依规确认各自权责利边界，设定风险分担和利益分配机制。

改革开放初期，我国开始推进产学合作教育，20 世纪 90 年代中期实施科教兴国战略以来，把建立以企业为主体、产学研深度融合的技术创新体系作为国家创新体系建设的重要途径。进入 21 世纪以来特别是党的十八大以来，按照建设创新型国家的部署，加强原始创新、集成创新和引进消化吸收再创新，科技创新与发展迈上新的台阶。一般来说，在基础研究领域的原始创新，高校和科研院所是主力军，企业有积极参与的趋势；在应用研究领域的集成创新和引进消化吸收再创新，企业研发机构是主力军，高校、研究机构等跟进。党的十九大报告新界定的应用基础研究，作为沟通各研究领域不同创新类别的中间环节，正在成为产学研协同创新的“蓝海”。

在宏观政策层面，党和国家高度重视产学研合作及其协同创新。2012 年党的十八大报告提出，实施创新驱动发展战略，要坚持走中国特色自主创新道路，以全球视野谋划和推动创新，提高原始创新、集成创新和引进消化吸收再创新能力，更加注重协同创新。2013 年党的十八届三中全会文件要求，深化科技体制改革，建立健全鼓励原始创新、集成创新，引进消化吸收再创新的体制机制，建立产学研协同创新机制。2015 年党的十八届五中全会文件提出，深化科技体制改革，引导构建产业技术创新联盟，推动跨领域跨行业协同创新，促进科技与经济深度融合。

2016 年《中华人民共和国国民经济和社会发展第十三个五年规划纲要》要求，明确各类创新主体功能定位，构建政产学研用一体的创新网络。此后，《国家教育事业发展“十三五”规划》提出，推动高校面向国家重大需求多学科交叉融合、校所企协同创新；健全产学研协同创新机制，支持高校与行业企业、科研院所联合建设创新中心和创新平台，组建产业技术创新战略联盟等。

2017年党的十九大报告和2019年党的十九届四中全会文件相继强调，建立以企业为主体、市场为导向、产学研深度融合的技术创新体系。根据习近平在2018年全国教育大会上的重要讲话精神，党中央、国务院发布的《中国教育现代化2035》进一步要求，探索构建产学研用深度融合的全链条、网络化、开放式协同创新联盟。由此可见，党和国家关于产学研协同创新、深度融合的总体思路基本形成，相关政策导向日益清晰。在建设社会主义现代化强国的宏伟进程中，产学研协同创新、深度融合正发挥着关键作用。

创新是引领发展的第一动力。随着新时代经济发展质量变革、效率变革、动力变革的持续推进，我国全面实施创新驱动发展战略，加快建设实体经济、科技创新、现代金融、人力资源协同发展的产业体系。各部门和地方政府纷纷落实投融资、知识产权保护、财税支持等鼓励创新的政策措施，通过财政资金引导社会资金支持科技成果转化。高校更加重视服务企业研发创新。企业产学研合作意愿明显增强，相关制度环境发生新的变化。

当前我国产学研协同创新、深度融合的基本走势，大体有以下几个方面：

第一，企业创新主体和技术创新核心地位更加突出。根据党的十九届四中全会文件的新部署，建立以企业为主体、市场为导向、产学研深度融合的技术创新体系，支持大中小企业和各类主体融通创新，创新促进科技成果转化机制，积极发展新动能，强化标准引领，提升产业基础能力和产业链现代化水平。企业在技术创新全局中的决策者、组织者、投资者地位日益凸显，在集聚产业创新资源、加快产业共性技术研发、推动重大研发成果应用的过程中，必然需要产学研、上中下游、大中小微企业紧密合作，进一步促进产业链深度创新融合，在技术创新决策、研发投入、科研组织实施等环节，切实发挥企业主体和市场导向作用。

第二，在政府指导规划框架下完善产学研三方签约机制。在国内外发展环境条件不断变化的形势下，我国建设现代化经济体系，推动经济高质量发展，增强经济国际竞争力，必须走创新驱动发展之路。各地政府需要研制关于本地推进产学研协同创新、深度融合的专项指导规划，促成高校同企业、科研院所在规划框架下协商签约，从应用基础研究到应用技术研发、中试孵化、研发成果进入产品化、产业化的链条中，选择重点提供财政经费支持。在支持既有大学科技园、高技术产业园区、产业孵化基地的基础上，促进高校合作建设研发成果转化中心，更加重视区域内及跨区域不同隶属关系大学的研发成果转化。

第三，产学研深度融合需要依托协同创新联盟或共同体。高校不仅要顺应企业技术创新的多样化需求，更要主动联系企业，在深入磋商中激发和挖掘企业技术创新需求，会同有关科研院所，探索合作创建技术研究院和专项研发中心，创造条件结成协同创新联盟或共同体。通过设立产学研协同创新管理委员会，发挥高校理事会（董事会）吸引企业家参与机制的作用，促进现代企业制度、现代大学制度、现代科研管理制度相结合，根据企业需求，精准承担技术研发项目，调整人力资源开发模式，形成以市场需求为导向、以企业为主体、高校及科研机构发挥主动性的长效机制，在相同或相近领域技术创新攻关上形成更大合力。

第四，搭建产学研协同创新、深度融合的资源服务平台。借助区域或跨区域的网络和大数据平台、科技中介服务平台、知识产权和技术交流交易平台，按产业链汇聚融合研发创新资源，共建协同创新资源中心，营造动态集群综合体，集实体合作、虚拟研发、投资融资、资源共享、合作管理等功能于一体，方便企业、高校、科研院所相互了解研发成果信息，借调互换研发人员，联合组建攻关团队。引导需方企业提供资金或设立基金，以风险投资、股份合作、股份制等方式引进社会资本。发挥产业行业协会商会作用，健全征信制度和第三方评估监测制度，促进我国产学研协同创新、深度融合的可持续发展。

深度融合乃大势所趋，党的十九大报告提出要促进高校、科研院所、企业的深度融合，从“紧密结合”到“深度融合”，说明高校、科研院所、企业在紧密结合方面虽取得了很大成果，仍需要进一步融合发展。促进产学研深度融合要聚焦产业上下游的企业、高校、科研院所的能力，通过共商共建共享的办法，群策群力。

行之有效的产学研深度融合新机制是推进高校科研成果转化的基础。首先，要完善产学研深度融合的运行机制，按照“政府引导、市场主导、专业运作”模式，加强统筹协调，在政府、企业、科研院所、高校、行业组织之间协同互动，形成促进产学研深度融合的政策合力并获得相应的资金支持。其次，要建立产学研深度融合的评价激励机制。将科研成果转化体系建设纳入高校相关建设考核目标，把科研成果应用作为建设“双一流”大学的重要举措和关键环节。最后，要鼓励科研人员与企业建立深层次的长期合作关系，聚焦地方经济建设与产业发展的方向，紧盯企业产品开发与技术升级需求，实现科研成果的转化。

创新驱动背景下，实施科技创新、产学研深度融合，推进高校科研成果转化战略是一项复杂的系统工程，必须全面贯彻落实党中央的部署，通过制度引领创新体制机制，实现多方协同发力，不断探索新形势下政产学研用各参与方的职能与职责，紧紧围绕企业的技术需求和产业方向，激发高校科研成果转化新动能，打造创新发展新引擎，凝心聚力，砥砺奋进，确保创新驱动发展战略落地生根、开花结果。

第一章 产学研协同创新与深度融合概述

产学研协同创新是产学研合作主体之间产生的严谨且卓效的合作关系，为产学研合作模式的深化和升级产生促进作用。1992年4月，我国组织“产学研联合开发工程”，这为产学研合作发展开启新的篇章，也进一步推动我国产业界与高校、科研机构、政府部门之间的深度协作。通过20余年的研究与实践，我国产学研合作得以快速发展，产学研各方以协同创新概念为基础，打破壁垒，产生协同效应，转变成非线性融合关系。党的十九大报告指出，要为建设创新型国家进程提速，这一要求的提出势必深入推进我国产学研协同创新发展。

第一节 产学研协同创新的内涵及特征

策略管理之父伊戈尔·安索夫（Igor Ansoff）最早提出了协同思想，他从企业多元化的主题出发，认为企业组织中各个事业部门之间的协同即为协同。20世纪70年代，“协同学”的概念由德国物理学家赫尔曼·哈肯（Hermann Haken）提出，他认为“协同”是大系统中各主要因素超越单独个体，产生融合联动。之后，“协同创新”由皮得·格洛尔（Peter Gloor）提出，他强调协同创新需要主体之间形成网络互动，进行思想、技术和信息等方面的交流，最终实现目标。Serrano和Fischer认为，协同创新就是在创新的过程中运用协同思想，各创新主体通过沟通、协调、合作、协同将思想、知识、技术和机会进行跨界共享，达到创造价值的目的。产学研协同创新是以“协同”“协同创新”概念为理论依据，充分发挥政府、企业、高校等合作主体的创新优势，共同遵守联合开发、资源共享、风险共担的原则，构建多学科、多领域交叉研究平台，探索科技和文化相结合的创新模式。这就要求协同创新主体和要素之间进行深度交流与合作，实现自然科学与人文科学在横向上的联合发展。近年来，产学研协同创新受到世界各国的高度关注，国内外学者们开展了一系列对产学研协同创新模式的探索研究，构建了多元化的产学研创新模式，为产学研协同创新提供了理论基础和实践经验。

“协同创新”是指创新资源和要素有效汇聚，通过突破创新主体间的壁垒，充分释放彼此间人才、资本、信息、技术等创新要素的活力，进而实现深度合作。协同创新是各个创新主体要素内实现创新互惠、知识的共享、资源优化配置、行动最优同步、高水平的系统匹配度。而协同创新的有效执行关键在于协同创新平台的搭建，可以从两方面对协同创新平台进行宏观布局。一是面向科技重大专项或重大工程的组织实施，建设一批可实现科技重点突破的协同创新平台；二是面向产业技术创新，建设国家层面支撑产业技术研发及产业化的综合性创新平台，加快科技成果转化、产业化。

协同创新主要有两个特点：一是整体性，创新生态系统是各种要素的有机集合而不是简单相加，其存在的方式、目标、功能都表现出统一的整体性；二是动态性，创新生态系统是不断动态变化的。因此，协同创新的内涵本质是：企业、政府、大学、研究机构、中介机构和用户等为了实现重大科技创新而开展的大跨度整合的创新组织模式，协作开展产业技术创新和科技成果产业化活动，是当今科技创新的新范式。

伴随着经济全球化进程，世界各国面临的竞争空前激烈。以往单一主体简单、线性和链式的创新模式无法满足市场对于创新的需求，开始逐渐被企业、科研机构和高等院校等多主体相互协作的网络化、系统化的创新模式所取代。所谓的产学研协同创新，实质就是通过对新知识的交流、互动以及共享，促进基础知识层面的突破以及技术创新向产业界转移，进而加快科技成果商业价值的实现进程。美国、日本等国的实践经验表明，产学研协同创新是提升国家创新能力、促进经济增长的有效途径。为此，许多国家纷纷出台相应的政策推动企业与科研机构、高等院校之间加强互动与合作，力争通过提升创新能力和水平，更好地应对知识更新周期日益缩短以及全球经济竞争日益加剧所带来的机遇和挑战。党的十八届三中全会审议通过的《中共中央关于全面深化改革若干重大问题的决定》提出，建立产学研协同创新的机制。党的十九大报告也明确指出，深化科技体制改革，建立以企业为主体、市场为导向、产学研深度融合的技术创新体系，加强对中小企业创新的支持，促进科技成果转化。作为科技与经济深度融合的重要抓手以及国家的顶层战略设计，如何通过积极开展产学研协同创新，加快科技成果转化为现实生产力以及有效提升产业竞争实力，已成为各级政府部门和学术界共同关注和亟待解决的热点问题。

第二节 产学研协同创新模式研究文献综述

一、国外产学研协同创新模式研究

产学研协同创新能够促进国家创新资源有效联合以及科研成果快速转化，国外学者基于产学研合作主体、协同创新方式、协同创新内容等不同视角，对产学研协同创新模式进行了大量研究。本书通过梳理相关文献，分析归纳了美国产学研协同创新模式、英国高校协同创新模式、德国校研机构协同创新模式、日本产学研协同创新模式、韩国产学研协同创新模式等国家构建的多种具有代表性的产学研协同创新模式。

（一）美国产学研协同创新模式

李长萍等认为，美国产学研协同创新模式主要包括大学科技园、企业孵化器、合作研究中心、契约合作研究、咨询协议、技术入股合作模式、大学衍生企业模式。1862 年，美国出台《莫雷尔法案》，激发了产学研协同创新思想的产生。杨晨露认为，美国经过一个半世纪的发展，以高校为主体的产学研协同创新模式逐渐形成，促进了经济产业及高等教育的协同发展。大学科技园的组建是建立在企业市场需求、高校优质创新资源以及政府出台的优惠政策或带来的具有导向性的投资之上的，由高校、企业、政府构建的科研互动平台能够产生科研集群效应，并提高科技园的竞争力和创新力。合作研究中心是企业或政府根据发展方向授权委托高校或科研院所通过合作关系成立，主要以承担科研任务的方式开展合作。企业孵化器是在新企业创办初期，政府、企业、高校提供场地、服务、技术等支持，以帮助新企业解决遇到的发展难题。技术许可是指大学或者科研机构就专利使用向企业开通绿色通道，进而达到令科研成果快速转化、科技专利获得保护及共享的目的。总之，美国政府瞄准企业需求，从制度保障、健全体制机制、资金提供等方面调动了产学研众多主体参与合作的积极性，为产学研协同创新发展营造了良好环境，进一步提升了国家的科技竞争力。

（二）英国高校协同创新模式

温裕峰认为，英国高校产学研协同创新模式分为三种类型，分别为教学公司模式、沃里克模式和剑桥科学公园模式。教学公司模式为高校、企业和政府共同合作进行人才培养，该组织为非营利性的半民间半行政机构，通过行政手段将各主体组织起来，以签署民间合同的方式确定各主体的责任和利益分配，这种模式的优点是全面考虑了各主体的需求和意愿；沃里克大学办学理念以创新、创业为核心，专注于创新科研成果的产出以及创业精神的塑造，投资者被优秀的物质及精神条件吸引，积极与政府建立合作关系，创办自主投资的高技术企业，为大学成果转化产生催化作用，该模式被称为沃里克模式；剑桥科学公园模式与美国大学科技园模式异曲同工，这种模式汇集了精锐的科学技术及先进的科研成果，成为欧洲地区规模最大的工业技术生产地。英国政府鼓励企业尤其是中小企业参与产学研合作，并支持企业投资高新技术，已形成完善、科学的产学研协同发展政策。

（三）德国校研机构协同创新模式

德国校研机构协同创新模式分为共性模式和个性模式。李晓慧等认为，共性模式包括战略创新平台、联合研究项目、联合聘任大学教授、共享科学设施、共建时效性研究单元模式；个性模式包括校研机构合并、创新人才培养协同、弗朗霍夫模式。与其他欧美国家相比，德国产学研协同创新模式研究起步较晚，但是德国的基础研究扎实过硬，科研成果丰富，科技开发实力雄厚，通过高效联合应用，形成了经典的产学研协同创新模式。德国重视高校在创新型人才培养方面的优势，探索理论与实践相结合的培养方式，学生可以先在学校进行理论学习，再到企业进行实践培训，这样的做法不仅使学生获得企业认可，也使其为进入社会做好准备。弗朗霍夫模式则是以大学的研究机构为主体、知名企业参与的非营利性产学研联合组织，这种模式不仅激发了研究机构的创新能力，还能为技术群集型企业开拓市场。德国政府的正确导向为产学研协同创新营造了良好的发展环境，张弛有度的政策措施深化了高校、科研机构、企业之间的合作关系，为欧洲经济复苏做出了贡献。

（四）日本产学研协同创新模式

李波认为，日本产学研协同创新模式是以政府为核心的多种合作模式，主要包括共同研究、委托研究、委托研究员制度、企业捐赠制度、设立共同研究中心、建立科学园区、日本学术振兴等。共同研究是指政府和企业对同一课题开展联合研究，各自承担研发过程中产生的科研费用，同时，科研成果可以双方共享，互取所长以弥补不足。委托研究分为政府委托高校研究和企业委托高校培养研究人员两种模式，前者主要由政府或者公益机构出资设立科研项目，委托高校进行研究，高校按照双方签订的合同完成课题；后者是企业委托高校对本单位的业务人员进行定期职业教育培训，以提高业务人员的业务水平。日本政府对产学研协同创新的高度重视激发了高校、科研院所服务社会的潜力，促进了科研成果转化和技术创新，推动了经济社会发展。

（五）韩国产学研协同创新模式

李校堃认为，欧美国家在产学研协同创新方面的成功做法为韩国提供了发展思路。韩国将“科技立国”确立为国家战略，注重以企业需要为核心的联合研发模式，主要包括大学科技园、委托开发研究、产业技术研究组合、产学研合作研究中心、参与国外产学研合作等模式。费艳颖等认为，韩国通过成立产学研联合基金会为产学研合作提供充足资金及管理服务，以便统筹安排产学研合作相关工作并全权负责所有事务。韩国开展的一系列有利于产学研协同创新发展的做法推动了本国科技创新能力的提升，使韩国快速跻身于创新型国家之列。

上述各主要国家能够从本国实际出发，坚持科技与经济紧密结合，注重科技成果转化，制定了较为完善的政策和法律，构建了行之有效的产学研协同创新模式。美国的大学科技园、大学衍生企业、合作研究中心，英国的剑桥科学公园模式、教学公司模式、沃里克模式，德国的创新人才培养协同模式都是我国学者研究产学研协同创新模式的典范，值得我国学习与借鉴。

二、我国产学研协同创新模式研究

通过梳理近 10 年国内产学研协同创新模式的相关文献，发现学者们按照不同分类标准对产学研协同创新模式进行了划分，并提出了产学研协同模式的不同观点。

（一）按产学研参与主体分类

白雪飞等提出，按照参与主体可将产学研协同创新模式划分为企业主导模式和学研主导模式。

企业作为产学研协同创新模式形成的主要推动力，具有雄厚的资金和先进的设备，所以，在产学研参与主体中具有主动权。通过产学研协同合作能够帮助企业提高自身创新与发展水平，研发出新的产品和技术，并且企业在产学研协同创新模式运行中具有绝对优势，能够做出独立决策。学研主导模式即高校主导模式，在与企业构建产学研协同创新模式的过程中，高校能够发挥技术及科研成果优势，通过深入合作成立研发机构，将技术专利、科研成果出售或转让给企业，以达到提高自身科研创新能力的目的。俞媛媛认为，高校在科研方面的优势决定了研发的方向，在产学研协同创新模式中始终具有主导地位。这种对产学研协同创新模式的分类形式具有全面性及系统性，通过分析产学研合作主体中企业和高校之间的关系，总结出经典的产学研合作模式，有利于剖析产学研主体间的合作关系。

（二）按产学研合作程度分类

鲁若愚等提出按照产学研合作的松弛程度可将协同创新模式划分为技术转让、委托研究、联合攻关、内部一体化、共建基地、共建实体6种模式。王文岩等认为，技术转让模式是一种经济法律行为，产学研合作各方经过商议达成共识，将专利技术、研发秘密、操作许可等无形资产的使用权进行转让。委托研究是指委托方自愿承担风险，将研发任务以课题项目的形式委托给受托方进行研究。联合攻关是指产学研合作各方分别派出科研人员共同组建临时的研发团队，针对某一研究课题寻找解决方案。内部一体化是指高校、科研院所自行成立企业，充分发挥在科研与人才方面的优势，将科研活动与市场经济有机结合，进而促进产业生产力发展。共建基地是指企业、高校及科研院所协同合作，按照一定比例投入人、财、物，共同组建联合实验室、工程技术中心、联合科研机构等研发基地。张小萍认为，共建实体是指以资金或技术作为合作纽带，产学研合作各方深入合作，共同承担风险入股，共同组建研发实体，这更为产学研协同创新模式进行了分类，为各省份构建适合区域经济发展的产学研协同创新模式提供了价值性参考。

（三）按产学研创新服务分类

刘桂峰等通过比较清华大学和南京大学产学研协同创新模式，总结归纳了按照创新服务进行分类的产学研协同创新模式。南京大学的产学研协同创新模式包括校办企业、科技园区、技术转移或成果转化、专项联合攻关、共建研究院和研发基地、校地合作基金、信息技术人才服务、国际科技合作联盟等。而清华大学通过与政府、各类企业进行多层次、多方面、立体化的产学研合作，形成了更为丰富多元的产学研协同创新模式，不仅包括以高校为主导的校办企业、科技园区、技术转移等模式，还包括专项技术联合攻关、技术咨询与服务、设立科研基金、共同申请国家重大科技攻关项目、高新技术装备应用、合作组建科研机构、设立校地科技合作科研项目、与重点地区共建“产学研合作办公室”、国际技术合作联盟、海外知识交流中心等。这种分类形式虽然是以两所高校为研究对象，但是较为准确地对产学研协同创新模式进行了分类，对高校在产学研合作中发挥主体作用具有实践指导意义。

除上述三种分类之外，还有其他多种分类形式。华贤按照人才、技术、文化等不同需求导向，将产学研协同创新模式划分为两要素协同创新模式和多要素协同创新模式；王进富等将协同创新环节作为分类标准，针对技术许可和转让、技术援助、共同研发、引进人才、科研人员交流、信息互通等不同的侧重点对协同创新模式进行划分；李小妹等深入研究参与形式，将产学研协同创新模式划分为实体协同创新模式、虚拟协同创新模式、科技园协同创新模式、市场需求协同创新模式、科研平台协同创新模式。从相关文献来看，我国产学研协同创新模式具有多形式、多层次的特点，学者们能够抓住主流研究热点，从不同的深度和广度对产学研协同创新模式进行理论与实践研究。但相关研究多是从产学研协同创新模式的形式上进行表层研究，在实际运行过程中难以提供有效的合作模式。此外，产学研协同创新模式强调的是形式上的创新突破，现有的研究还缺乏对产学研协同创新体系的深入剖释和分析。因此，产学研协同创新模式还存在有待发掘的研究内容。建设创新型国家不仅要推动产学研协同发展，还要创新产学研合作模式，这是国家提升科技创造力和推进经济社会发展的战略需要。回顾梳理产学研协同创新的概念以及国内外产学研协同创新模式相关文献，可以发现国外产学研协同创新模式研究经过了较长的理论实践发展时期，有很多成熟的经验值得借鉴和学习。但是产学研协同创新是一种复杂的合作关系，具有不确定性。我们应以国家需求为导向，就产学研协同创新模式和创新合作理念进行深入研究，针对合作主体的不同特征构建具有中国本土化特色的产学研协同创新模式。

第三节　产学研协同创新现状与问题

经过多年的探索与发展，我国产学研协同创新已取得了一定的成绩，大量的基础研究成果被转化成为能够实现商业化的先进技术，进而推动产业结构的升级换代，在满足市场需求的同时有力地推动了经济社会的发展。

一、产学研协同创新现状

（一）产学研协同创新推动技术输出快速增长

技术市场交易的快速增长离不开科研机构和高等院校所发挥的支撑作用。我国科研机构和高等院校作为交易主体的技术合同成交额由 2011 年的 643.3 亿元上升到 2017 年的 1657.4 亿元，其中，科研机构和高等院校作为技术输出方的技术合同成交额从 2011 年的 509 亿元增加到 2017 年的 1222.59 亿元。作为产学研协同创新过程中知识尤其是基础性和前沿性知识产生的源头，科研机构和高等院校的技术输出将会发挥后续的乘数效应，促进和推动企业的技术创新，并最终实现新技术的商业化和产业化。相应地，我国技术市场也呈现快速增长态势，技术市场的成交合同数由 2011 年的 229702 个上升到 2017 年的 412000 个，合同成交额则由 2011 年的 4763.6 亿元增加到 2017 年的 13424 亿元，年均增长率为 18.85%，比同期国内生产总值年均增长率高出 9.8 个百分点，技术合同成交额占当年国内生产总值的比重也由 2011 年的 1.01% 上升到 2017 年的 1.62%。此外，平均每份合同金额也由 2011 年的 185.77 万元上升到 2017 年的 365.20 万元。

（二）各类科技中介机构发展势头良好

科技成果最终转化为现实生产力是多阶段、多主体的复杂过程，无论是企业、科研机构，还是高等院校，都需要中介机构所提供的市场营销、人才匹配、法律咨询等方面的服务。事实上，科技中介服务业作为参与基础学科领域创新和实用技术成果推广应用的重要环节，在产学研协同创新中发挥着巨大的桥梁作用。在企业从科技中介机构寻找到能够满足自己需求的技术的同时，高等院校和科研机构可以通过技术交流和技术转让扩散和推广科技成果，并最终实现产业化。截至 2017 年底，全国生产力促进中心共有 1799 家，服务企业 21.6 万家，服务收入达到 51 亿元；科技企业孵化器共有4063家，其中，国家级孵化器976家，孵化器总面积达到11967.39万平方米，当年获得风险投资额473.33亿元，在孵企业总数为223046个，累计毕业企业110701个；众创空间的数量为5739家，其中，国家级众创空间1976家，众创空间面积达到2522.68万平方米，当年服务的企业和团队数量为419588个，当年获得投融资的团队和企业数量为18410个，获得投资总额677.57亿元，吸纳就业人数1734984人；全国共有创业风险投资机构2296个，管理资本8872.5亿元，累计投资项目20674个，金额达到4110.2亿元。

（三）形成了各具特色的产学研协同创新模式

产学研协同创新主体依据各自的利益诉求和资源禀赋优势选择适宜的模式对于形成协同创新的合力至关重要。目前，国内已经形成的较为成功的产学研协同创新模式大致可以分为以下三类：一是企业和科研机构、高等院校联合建立研究开发中心和博士后流动站等实体，以事先签订的法律合同规定各自的权利和义务，推进技术产业化。这种模式的优点在于能够促使企业对科研机构、高等院校相关的专业领域进行持续的创新投入，同时使得科研机构、高等院校的科研方向更加符合市场需求。二是以科技园和专业孵化器为载体推进产学研合作。各类科技园和专业孵化器能够为创业阶段的企业提供包括金融服务在内的各类商务服务，各类专业孵化器还能够提供公共实验和检测设备为企业服务，从而有助于企业顺利实现技术转移。例如，清华科技园就通过追加风险投资、搭建产学研发平台等方式促进校企学科共建、资源共享和人才互动。三是企业、科研机构和高等院校合资建立企业。企业以厂房和机器设备为投入要素，科研机构和高等院校以专业人才、专利和技术等无形资产为投入要素，建立风险共担、利润共享的现代企业。例如，中科联创就是由中国科学院自动化所和北京南丰投资管理有限公司合资成立的集成电路企业，其中，中科院自动化所以技术入股，占35%的股份，南丰公司则占65%的股份。通过这种合资方式，该公司不仅拥有自动化所的雄厚技术实力，而且也获得了企业运营所需要的资金和高级管理人才，很快在集成电路分析工程方面居国内领先地位。

二、产学研协同创新存在的问题

（一）协同创新各主体的目标不一致

尽管企业、科研机构以及高等院校认同产学研协同创新对于各自发展的重要意义和长远价值，但由于不同主体之间在创新成果、创新理念以及文化方面存在较大的差异，因而无法充分调动产学研协同创新主体的积极性。科研机构和高等院校参与产学研协同创新的目标在于获得更多的经费支持以进行基础学科领域的研发，以培养人才和强化学科竞争优势为最终目标，最为重视的是基础学科领域的原创性发明，且研究成果能被尽可能地推广和扩散。企业参与产学研协同创新的根本目标在于通过利用外部资源提升创新能力，并最终在市场确立竞争优势，满足市场需求并获得经济回报。企业关注的重点在于新技术发明的应用及其效益。科研机构大多经历了改制，目前最为迫切的是能在市场上生存下来。在具体行为方面，相关激励机制使得科研机构和高等院校更关注发表高水平论文、申请发明专利和获得各类奖项；而企业则倾向于借助于现有的知识产权制度确立源自科学发现的技术发展成果的市场垄断收益权，尽可能地将研究成果转变为自身的商业机密。

（二）产学研协同创新所需要的高层次人才相对匮乏

当今世界，国与国之间、企业和企业之间的竞争实质上是人才的竞争，尤其是各类创新型人才和复合型人才的竞争。我国高等院校尚未建立起培养产学研协同创新人才的长效机制。在世界知识产权组织（World Intellectual Property Organization，WIPO）发布的《2018 全球创新指数报告》中，相对于我国创新能力在 126 个国家或地区中位列第 17，高等教育质量排名却仅为第 94 位，不仅落后于多数欧美发达国家，而且还不如很多发展中国家。可见，高等教育质量已经成为制约我国产学研协同创新进一步发展的短板，不少高等院校的育人模式因循守旧，难以适应创新人才培养的内在要求。一是教学理念和教学手段相对落后。目前，国内高等院校的教学仍然主要强调知识的学习而不是获取知识方法的学习。导致与欧美等国的学生相比，尽管我国学生的知识结构更为缜密和扎实，但在批判性思维和创造性思维方面差距明显。二是跨学科和个性化人才培养不足。无论在跨学科课程、跨学科专业还是不同学科交叉的平台建设方面都相对滞后，专业设置方面也相对过多、过细，并且未能真正建立动态调整机制。在人才培养方式上，依然带有浓厚的“工业化烙印”，所谓的个性化创新教育依然任重道远。长此以往，未来将难以适应学科交叉和技术融合的发展趋势。三是尚未建立多方联合培养人才的稳定模式。许多国家的实践证明，通过产学研合作培养创新人才是一种卓有成效的培养模式。其中，较为成功的有美国的辛辛那提教育模式和德国的双元制教育模式。而我国高等院校、科研机构和企业合作培养人才的机制相对单一，目前还以提供实习场所等传统模式为主。由于缺少行业协会等社会组织的参与，实际操作过程中缺少利益的协调者、信息的发布者和专业的运营者，最终使得产学研合作培养创新人才的效率较为低下。总体而言，我国人力资源方面的结构性矛盾依然较为突出，尤其是产学研协同创新所需要的复合型人才不足，难以满足现实需求。

（三）中小企业难以参与产学研协同创新

实地调研发现，部分大企业在人才和资金等方面实力雄厚，因而出于节约交易成本以及固化收益的考虑，有时更倾向于选择内部研发，而不是采用产学研协同创新的方式。与这些大企业相比，中小企业虽然在领军人才、大型仪器设备等方面处于绝对劣势，但对于市场动态的反应却更敏锐，更加具有创新意识和创新需求，渴望以产学研协同创新的方式，通过高等院校和科研机构获得外部技术，以补充其内部的知识基础，并最终提升企业的竞争力。近几年的贸易形势尤其使得中小企业感受到了降低成本的巨大压力，许多中小企业都希望借助外部资源提高产品的竞争力，从而在激烈的市场竞争中保有一席之地。但是，令人遗憾的是，由于缺乏有效的制度安排，单个中小企业很难与科研机构、高等院校开展产学研协同创新。

第四节　从产学研合作到深度融合的变革

一、我国产学研协同创新发展的历史沿革

（一）起步探索：科技体制改革促进产学研初步结合（1978~1991 年）

党的十一届三中全会提出了以经济建设为中心，推动政治、经济、科技、教育等领域的体制机制改革，极大调动了全社会生产生活的积极性，迎来了我国经济社会大发展的春天。1985 年，《中共中央关于科学技术体制改革的决定》的颁布实施拉开了我国科技体制改革的序幕，明确规定了科研机构与企业在科技体制改革内部组织结构的分离问题，强调要加强企业的技术创新和开发能力，加强高等院校和企业之间的合作，奠定了促进产学研初步结合的重要基础。国家有关部委先后出台了一系列配套政策法规，探索产学研结合的新途径。1987 年，国务院颁布《关于进一步推进科技体制改革的若干规定》，从事产品研发的科研机构逐步与企业紧密合作开展研发。1988 年，国务院颁布《关于深化科技体制改革若干问题的决定》，允许科研机构和企业签订合同，以租赁、参股、合并等形式实施联合经营。企业在经济活动中的自主权开始加强，科研机构逐步摆脱传统的计划经济方式开始进入市场。产学研各方面初步打破了传统体制禁锢的藩篱，相互渗透，并探求以多种方式结合。

（二）跨界联合：市场经济体制改革促进产学研联合发展（1992~1998 年）

1992 年，党的十四大明确提出，要建立社会主义市场经济体制，进一步推动科技体制改革和产学研合作。国务院颁布了《国家中长期科学和技术发展规划纲要（2006—2020 年）》，以多种方式促进企业、研发机构和高校之间的横向整合，组建一批兼具技术开发、生产、销售和服务功能的公司。1993 年，全国人民代表大会通过了《中华人民共和国科学技术进步法》（以下简称《科技进步法》），建议建立科学技术与经济有效结合的机制，鼓

励企业与研发机构、大学合作。国家鼓励和指导从事技术开发的研究和开发机构，独立或与企业（企业组织）共同开发技术成果，这是我国首次以法律形式提出产学研联合。1994 年，国家科学技术委员会和国家经济贸易委员会（以下简称“国家经贸会”）颁布的《适应社会主义市场经济发展，深化科技体制改革实施要点》提出，鼓励研发机构以发展科技产业为目标，探索和实践工业、技术、农业和贸易的综合运作，支持科研机构和企业共同开展技术开发。1994 年，国家有关部委联合颁布《关于高等院校发展科技产业的若干意见》，对大学科技产业发展指导方针、企业制度、财务人事管理制度等方面作出了具体规定，规范和引导大学科技产业走上了健康发展的道路。1995 年，中共中央、国务院作出的《关于加速科学技术进步的决定》明确提出，要促进产学研结合，提高高校的科技实力，引导大中型企业建立和完善技术开发机构，与科研机构和高等院校开展多种形式的合作。鼓励科研机构进入企业或者企业自设科研机构，在平等互利的基础上相互合作，在一定程度上实现产学研的联合发展。

（三）协同结合：技术进步促进新型产学研协同发展（1999~2005 年）

随着中国社会主义市场经济体制的建立和完善，产学研合作机制越来越受到重视。1999 年，中共中央、国务院颁布《关于加强技术创新，发展高科技，实现产业化的决定》，大力鼓励积极推动科技体制、教育体制和经济体制改革，加强企业与高等院校和科研机构的合作，发挥企业在技术创新中的主体作用，并在实践中探索产学研结合的新机制。1999 年，中共中央颁布的《中共中央关于国有企业改革和发展若干重大问题的决定》指出，要形成以企业为中心的技术创新体系，促进产学研相结合，鼓励科研机构和高校进入企业集团，加强应用技术的开发和推广，促进科技成果转化为实际生产力。2000 年，国家经贸委颁布《关于加速实施技术创新工程，形成以企业为中心的技术创新体系的意见》，提出要加强产学研联合机制建设，促进和鼓励大型国有企业与高等院校和科研机构建立稳定的合作关系。通过成果转让、委托开发、联合开发等形式，促进科研机构和技术型企业实体的联合，鼓励各种形式的产学研合作，逐步形成以企业为主体，大学和科研机构广泛参与、分享利益、分担风险的产学研联合机制。2002 年颁布的《国家产业技术政策》提出，建立以企业为中心，企业、大学和科研机构风险分担组合，形成以市场为导向的产学研合作机制。

（四）创新融合：创新驱动发展战略促进产学研融合发展（2006 年至今）

2006 年，全国科技大会通过的中共中央、国务院作出的《关于实施科技规划纲要增强自主创新能力的决定》提出，建设创新型国家，鼓励产学研相结合建立企业的技术创新体系，支持科研机构和高等院校共同建立研发机构和技术联盟等科技创新组织。同年颁布的《国家中长期科学和技术发展规划纲要（2006—2020 年）》提出，产学研融合是促进科技资源科学有效分配的关键途径，以此激发企业、科研机构和高等学校的科技创新能力。2012 年，党的十八大报告明确指出，坚持走中国特色自主创新之路，实施创新驱动发展战略，通过技术创新提高社会生产力。2015 年，中共中央、国务院颁布《关于深化体制机制改革加快实施创新驱动发展战略的若干意见》，鼓励创新的公平竞争环境，建立以市场为导向的技术创新机制，促进形成深度融合开放的环境，建立更有效的研究体。2017 年，党的十九大报告指出，建立以企业为主体、市场为导向、产学研深度融合的技术创新体系。国务院办公厅发布《关于深化产教融合的若干意见》，强调深化产教融合的主要目标是逐步增加企业参与办学，完善高校多元化办学体制，形成校企合作、产教融合、良性互动的发展格局。

二、产学研合作到深度融合

中共中央、国务院印发的《关于深化科技体制改革加快国家创新体系建设的意见》指出，强化产学研用紧密结合，促进科技资源开放共享……充分发挥高等学校的基础和生力军作用，促进科研与教学互动、科研与人才培养紧密结合，大力推动与产业需求相结合的人才培养……建立与产业、区域经济紧密结合的成果转化机制，提高高等学校服务经济社会发展的能力。因此，随着经济社会转型为产业和教育的改革发展带来新的需要和冲击，也为了解决产学研合作现存的种种不足，需要在微观功能层面创新产学研合作模式，这个创新模式就是产学研深度融合。

在这个模式里，产、学、研分别指的是生产应用、教育教学以及科学研究三大功能，功能面向的受体为企业员工和高校师生，功能实施的主体为企业和高校，考虑科研机构的主要功能是开展科学研究，这与高校的科学研究功能类似。产学研深度融合的过程涉及校企这两个具有不同分工、分属不同领域的主体，关乎生产应用、教育教学和科学研究三要素之间的合作与互动，三者交相呼应、互动共振，催生出全新的产学研深度融合范式。其创新模式主要包括三个方面的内容：

第一，知识的传播与转化。根据知识传播和转化的难易程度，可以将知识划分为显性知识、物化的隐性知识和自我超越的知识。显性知识是指用书面和系统化语言完整表达出来的知识，更易于被广泛传播，因此属于教育教学功能要素拥有的主要知识类型。物化的隐性知识是指个体在获取显性知识后，通过亲身体验形成的难以具体化的知识，相比显性知识能为企业创造更大的价值，因而在生产应用功能要素中得到更多的体现。自我超越的知识是在吸收显性知识后，对其进行重构与升华，逾越原有知识领域外的创新知识，因而集聚于科技研发功能要素周围。

知识传播与转化的本质就是打破知识传播的壁垒，实现显性知识、物化的隐性知识以及自我超越的知识三者间的更新转化，所以这也是体现产学研深度融合的表征之一。具体更新转化的实践路径如下：一是将生产应用、科技研发过程中出现的新工艺、新技术、新理论、新成果引入课堂和教材，丰富和完善教学的内容，积极探索实施任务驱动、模块教学、项目导向等模拟生产和科研真实情境的教学模式。二是来自于行业企业的技改项目和攻关难题等应用研发需求实际，既可以成为教育教学过程中的实践技能训练和毕业设计（论文）选题的首要来源，也可进行必要的科研立项，并在项目完成后加速科研成果转化或技术转移。三是吸纳行业企业专家共同参与优化专业人才培养方案，构建基于岗位群职业要求以及行业标准的课程体系，开发紧密结合生产应用实际的培训课程、特色教材和网络教学资源，开办不同层次的普通学历教育与成人继续教育。

第二，人员的赋能与流动。产学研深度融合的关键因素是人，因为人是产学研活动的推动者、执行者和实践者，只有强调发挥人的主观能动性、创造性和灵活性，才能有力确保产学研深度融合的顺畅高效。对于生产应用、教育教学和科技研发三个功能要素而言，存在的主要人员分别是企业员工、高校学生和教师，因此，人员的赋能与流动指的就是企业员工、高校学生和教师相互进入对方的功能领域，交叉融合形成新的知识和思维方法，全面提升各自的综合能力，所以这也是体现产学研深度融合的表征之二。这里蕴含以下三方面内容：其一，企业员工既可以作为高校“双师型”教师队伍的一种直接补充，通过担任高校专、兼职理论或实践教师，承担课程教学、实习实训指导和毕业论文（设计）指导等工作，与高校教师开展横向联合技术研发，参与应用型人才培养体系设计、学科专业建设与课程建设等教育教学管理环节，从而开阔视野，促进自身综合职业素养提升；也可以进入高校进修，参加职业再教育和技能培训，拓展专业知识，提高专业理论水平。其二，高校教师既可以深入企业生产一线学习锻炼，并以企业项目或课题为依托参与技术研发、推广和科技服务，提高专业实践能力和社会服务能力；也可以以科研促进教学，将科研中获得的最新知识与成果融入课堂教学，提高教学质量，提升教学业务能力。其三，高校学生既可以加入教师的科研项目组，在教师的指导帮助下参与科技研发活动，接受一定程度的科研训练，从而增强创新意识，提高创新能力；也可以在企业内进行实习实训、毕业设计等实践活动，在真实的职业环境中提升应用知识和解决实际问题的能力，提高就业竞争力和职业迁移能力。

第三，平台的创建与优化。生产应用、教育教学和科技研发三个功能区域叠加重组后产生的混成组织统称为平台。它在与知识、人员的作用过程中起着提供良好互动交流载体的作用，因此，平台的重构与优化，意味着在知识与人员的边界切面上建立起新的沟通和联系机制，这也是体现产学研深度融合的表征之三。代表性的机制如下：一是成立由高校和行业企业专家组成的产学研深度融合专家指导委员会，发挥其在产学研融合发展规划、专业设置与调整、人才培养方案制订、课程与教材的开发以及双师型师资队伍建设等方面的咨询、协调、指导和评价作用。二是依托企业，把高校的人才、技术、信息、实验设备、图书资料等优势与企业优质资源相结合，建立集实践训练与就业创业、师资交流与员工培训、科技研发与成果转化为一体的技术支撑和综合实践基地。三是校企共建研发中心，以企业生产技术改造、产品开发以及科技攻关等为目标，双方联合开展科技研发，直接促进技术创新以及推广应用。四是组建校办科技型企业或校企共建经济实体，推动科技成果转化和产业化，将技术优势不断发展为规模经济优势。五是大力发展以人才、信息、咨询、管理、技术等为主要服务内容的中介机构，加强校企间资源共享与信息互通，为产学研深度融合体系的良好运行提供及时、便捷的科技服务，并在一定条件下转化成为开放便利、服务专业、要素齐全的众创空间。

产学研深度融合体系的形成，除了将传统意义的产学研概念进行延伸与拓展之外，更由于知识、人员和平台的“递归效应”，使得高校和企业的合作关系发生着悄然的变化。高校可以围绕本地资源禀赋和优势产业，有针对性地开展应用研发、专项研究和人才培养等，或者成为企业转型升级过程中的人才源与技术源，或者借助科技成果转化与技术转移，建立以现代企业制度为基础的校办企业。企业在以知识为竞争要素的价值链重构过程中，或者引入高校的知识技术与人力资源，扩充完善企业的知识存量和结构，提高员工的素质和能力，或者在国家宏观教育政策的鼓励下，举办或参与举办现代职业教育，不断增强企业价值与行业影响力。正是在这样一种背景下，企业和高校两方传统的组织边界逐渐模糊，相互渗透与跨领域发展将是校企合作的新常态。

综上所述，产学研深度融合机制凸显了高校在应用技术转移、服务产业以及推动校企合作循环中的主体功能，也是企业在新一轮科技革命和产业革命机遇期，提升创新驱动发展能力的有效举措。当然，受国家宏观政策环境、区域经济发展水平以及校企合作双方重视程度等因素的影响，产学研深度融合的内容、形式和层次也具有多样化特征。因此，高校特别是面向应用技术大学转型发展的地方本科院校，可以因校制宜地构建产学研深度融合体系，配套完善相关政策机制，在形成独具风格的转型发展路径的同时，为国家产业结构调整与企业创新发展提供强有力的人才科技支撑。

第二章 产学研协同创新国外实践与经验借鉴

产学研协同创新成为当今世界科技创新活动的新趋势，是世界各国提升综合国力的核心所在。国外部分发达国家和地区在产学研协同创新方面有着优良的传承基础，形成了特色鲜明的产学研协同创新体系和促进机制，并在提升国家创新能力和综合国力方面发挥了重要作用。英国、美国、日本等发达国家的典型产学研协同创新体系及其特点，从强化保障体系、创新协同机制、集聚优质资源、密切国际协同、提升价值站位等方面，提出了促进区域产学研融合创新发展的对策，以期对促进我国产学研融合创新的深化和发展提供借鉴。

创新是引领发展的第一动力，是建设现代化经济体系的战略支撑。习近平在党的十九大报告中指出，要加强国家创新体系建设，强化战略科技力量。深化科技体制改革，建立以企业为主体、市场为导向、产学研深度融合的技术创新体系，加强对中小企业创新的支持，促进科技成果转化。从国家战略层面，对新时代产学研融合创新提出了新的要求。加快推动新旧动能转换，实现科技与产业无缝对接，建设国家创新体系被摆在更加突出的位置。产学研融合创新作为国家创新体系的重要组成部分，成为新常态下经济社会发展的新引擎。产学研融合创新是高校、企业及科研院所以创新优势互补及创新要素共享为基础，以协同研发、利益共享、风险共担为原则，开展技术创新活动的融合模式和多方联动的系统工程。从国际上看，产学研融合创新竞争激烈，我国产学研融合创新在成果转化机制、资源整合力度、制度保障体系等方面还存在诸多制约发展的障碍，缺少成熟模式和规范借鉴。国外部分发达国家和地区（如英国、美国、日本、德国等）产学研融合创新起步较早，有着优良的传承基础，基本形成了各自特色鲜明的创新体系和促进机制，在提升本国创新能力和综合国力方面发挥了重要作用，其中许多有益的经验和做法都对我国具有较好的启迪和借鉴意义。

第一节 英国现代科技创新体系建设

一、英国创新体系的形成基础

21 世纪以来，英国启动了 10 年发展规划，利用科技创新和技术实践相结合，形成了以科技教育为主导的英国创新文化特征。英国政府为摆脱经济困境，确保最大限度地利用好英国大学的发现和发明，将经济重新带回可持续发展轨道，实现长期可持续的高质量增长，从五个方面进一步完善创新体系建设，发挥创新生态系统的整体效能，驱动经济加快发展。一是发现与开发。重点投资生命科学、深空探测、创意工业等能够最大限度带来潜在回报的新兴技术产业领域。二是创新与创业。着力鼓励企业多种形式的创新创业，出台企业创新支持政策，营造良好的产业创新环境。三是知识与集群。加强不同创新组织、创新联盟之间的集群合作和知识协同，激发企业创新生态系统的整体活力和创新效能。四是开放与挑战。政府通过开放数据、政府采购、精简程序等政策措施，成为产学研融合创新的推动者，尽最大努力消除影响创新的障碍。五是合作与共赢。积极推动本国优势技术和产业成果的国际化、全球化，完善和共建多种新形式的国际合作，增强英国作为全球创新参与者和受益者的能力。早期传统的英国大学并不参与创新体系建设，传统的大学并不对知识转移或推动经济增长直接负责。第二次世界大战之后，很多学者开始认识到大学科研为经济发展提供知识技术储备的功能和作用，大学对国家创新体系的贡献日益得到重视，越来越受到政策制定者的关注。大学在知识创造、转移、应用、扩散等方面的作用更加显著，加速了英国现代创新体系的形成。从发展脉络看，英国现代协同创新体系的建立，经历了从早期“大学—企业”二元结构，逐步进化为“大学—企业—政府”三螺旋结构，进而演变为“大学—企业—政府—社会公众”共同参与、共同受益的四螺旋产学研结构。

二、英国创新体系的运行模式

英国创新体系主要采用知识转移伙伴计划（Knowledge Transfer Partnership，KTP）模式运行。KTP是由英国政府面向各个大学设置的一种相对独立的非营利机构，主要以项目为载体，由政府负责出资支持大学与企业、学术界与产业界的合作，该计划每年支持项目800余项，由第三方组织评估，几乎所有大学都参与了此计划，涉及高新技术产业、制造业、金融业、农业、医疗保障等行业。企业首先结合自身需求和市场调研，做出技术创新方向决策，向当地或有关大学的KTP办公室咨询和确定技术创新合作伙伴，然后与选中的合作大学、机构共同商讨研发目标和合作细节，向KTP管理委员会提出项目申请。对于中小企业，政府向批准的KTP项目资助67%，其余资金由企业自筹解决；对于大型企业，政府资助50%，其余资金由企业负责承担，项目资助年限一般为1~3年。KTP项目在大学、企业、科研院所之间搭建了产学研合作的桥梁纽带，推动了大学知识和技术向企业和生产力的迅速转移，促进了创新活动和经济发展，对于提高英国的创造力和增强整体竞争力起到了重要作用。一方面，KTP项目的实施使大学的技术研发方向与国家经济社会发展的重大需求、相关行业和领域的关键共性技术需求对接得更加紧密，服务企业和经济发展推动大学科研水平和创新能力进一步提升；另一方面，还为有志于行业发展的高素质创新人才的培养和锻炼提供了更多的机会，创新了由政府推进的人才培养模式。每个KTP项目允许从大学、研究机构的毕业生或研究生中选拔招收一个或多个KTP助理，大学和企业双方均配备导师，负责指导KTP助理在企业的工作。KTP助理专职协调大学参与企业决策和运行的活动，负责将大学的知识和技术成果转移到企业，在此过程中也能够接受到职业化、系统化的岗位训练。英国政府通过KTP项目的实施，实现了大学科技进步、企业竞争发展、学生就业成长“三赢”的互惠效果，参与的各方主体都能从中获益。

三、英国创新体系的构建举措

一是制定国家产业战略，构建新的技术创新体系。英国政府与产业界建立了长久的战略伙伴关系，共同培育商业发展机会。投资方向重点面向本国具有优势的新兴技术领域，着力打造高水准的技术与创新中心，促进成果向生产力的转化。英国政府陆续发布了 11 个重点产业的发展战略规划，制定“政府一盘棋”的持续性产业支持政策，寻求发现未来新兴技术增长点，提前抢占技术制高点，全面指导国家未来产业发展。二是面向未来新兴领域，瞄准前瞻技术领域投资。技术及支撑技术开发的研究是英国产业战略的重要基础，英国政府结合科学界、研究理事会和技术战略委员会的咨询意见，主动识别和判断未来的新兴技术领域，重点选定大数据和高能效计算、生物工程、农业科技、再生医学、储能技术、先进材料、智能机器人、航天技术 8 个前瞻技术领域，提前布局，重点投资，积极打造科技与经济紧密结合的技术创新体系。三是发挥政府主导作用，提升中小企业创新能力。英国政府将增强企业创新能力作为提高生产力水平和未来经济增长动力的核心驱动要素。政府除增加对企业的投资外，更重要的是创造良好的创新环境，支持企业更加容易获得必要的资源，鼓励企业自身增加研发投入，积极引导创新投资基金、企业资本基金、天使共投基金等各种风险投资的方向。英国政府对企业的研发税收政策进行了重大改革，税收优惠幅度在全球极具竞争力。通过实施企业创新券计划，资助中小企业加强与大学、科研机构的产学研合作，加快提高中小企业创新能力。四是推动科研数据共享，鼓励科研成果开放存取。英国政府出台鼓励科研成果开放存取的政策，明确要求未来公共经费资助的科研成果原则上要发布在对公众免费开放的期刊或其他学术载体上，期刊在完成新一期刊物的出版后，应及时通过网站等渠道面向广大科学界、读者和社会公众实行开放存取，以有效促进科研成果资源的交流、扩散和共享。

四、英国创新体系的主要特色

英国科技创新体系更加强调政府主导和社会公众参与，建立完整的沟通机制、合作机制。首先，政府积极主导协调，合理平衡各参与主体的利益关系，对协同创新的实施过程进行监督管理。英国政府为高校、企业提供了多种政策优惠和便利，引导和集聚高校、科研机构、企业等积极参与创新活动。其次，大学承担研发任务，在创新体系中扮演主角和发挥核心支点作用。大学的职能决定了大学是最适合承担研究任务的机构，但同时，大学与创新体系中的其他主体如企业等机构也具有多向交互关系，需要根据大数据分析反馈、精准把握社会潜在需求，确定研究任务来源，以需求为导向进行创新任务研发和产品市场投放，最终实现研究成果的转移转化、互利多赢。再次，企业发现市场需求，发挥技术创新优势，是技术创新的主体。最后，社会公众积极参与，从社会资金注入、创意征集提供、公共事务支持等角度参与创新体系。可以说，英国高等院校、科研机构和企业等各方主体主动参与，快速形成协作团队，解决创新链条中各个环节的问题，同时拓展了创新型人才培养的途径。

第二节　美国科技孵化器及其体系

一、美国科技孵化器的诞生发展

美国作为国际产学研融合发展的发源地，国家创新能力始终位于全球前列，科技孵化器在支持中小企业发展方面独具特色。科技孵化器（Technology Incubator）是以帮助中小企业诞生与成长、促进科技成果转化、培养高新技术企业和企业家为宗旨的一种新型的社会组织模式和科技创业服务载体。美国科技孵化器的发展从 1980 年开始，初期仅有 12 家孵化器机构，主要由州政府资助成立，多为非营利性机构。随着新技术革命的兴起和振兴以及国内经济的需要，科技孵化器越来越多地受到政府部门以及全社会的关注。美国政府于 1986 年成立了美国国家企业孵化器协会（National Business Incubator Association，NBIA），着手改变孵化支持的基本战略。近年来，美国科技孵化器的数量和规模持续快速增长，科技孵化器行业不断向纵深发展，促使一大批产业前景好的中小企业凭借准确的市场走向和新产品发展壮大。科技孵化器已被视为一种支持中小企业成长和创造就业的良好方式，并且高校和科研机构为其提供重要支撑，越来越多的科技孵化器开始以高新技术产业和新经济领域为目标，在推动美国国内生产力发展方面发挥了不可替代的关键作用。

二、美国科技孵化器的运行管理

美国科技孵化器十分重视孵化条件建设。除了要求具有办公场地设施、资金投入保障、孵化管理团队等必备条件外，还要求具备成熟的导师机制、拥有良好的合作资源、具有专业化的产业优势，指导初创企业充分用好政府资源，促进专利成果转化，顺利实现技术转移。主要依据企业的管理水平、市场前景、产品创新、财务状况等做出孵化企业的筛选判定。美国根据科技孵化器的发展目标、运行政策、资金来源和所处环境等方面的差异，采取以下不同的运行管理模式：

（一）政府主导型孵化器的运行管理

该类孵化器主要由美国各州、县、市等委托科研院所或聘请有创业经历的人员来主导管理、培育和聚集高科技创业群体，政府部门不直接参与。孵化器的内部结构和运行模式由管理者根据规模和需要来决定具体的组织策略，一般主要由综合业务部、项目咨询部、融资服务部、财务部等组成，构建一个有利于孵化企业成长的硬件环境、有利于孵化创新的人力资源团队以及一个运作良好的战略伙伴关系网络。政府负责为孵化器和初创企业提供资金支持、办公场地，制定规划和发展目标，为孵化器的发展指明方向，同时，政府还通过出台法规，指导和保护孵化器，使中小企业有法可依、良性发展。孵化器需要定期向政府部门汇报目标任务完成情况，并接受定期考核，初创企业进入孵化器的时间通常为 2~3 年。美国政府为此成立了小企业管理局（Small Business Administration，SBA），为 10 万美元以下的贷款提供 80% 的担保，出台了小企业创新研究资助计划（Small Business Innovation Research，SBIR）、小企业技术转移资助计划（Small

Business Technology Transfer，STTR）予以鼓励支持。

（二）高校主导型孵化器的运行管理

该类孵化器主要由高校创办和管理。创建初期主要面向校内师生，随着孵化效果的不断增强，吸引社会初创企业参加。高效利用校友资源、周边企业等建立特定领域的科技孵化器，与工业领域需求紧密结合，吸引周边区域的风投基金、成功企业、初创企业、法律人员参与。孵化器根据专利成果、资金投入等情况收取一定的资金，或以股权的形式进行合作，加快推动有潜力的产品及时投入市场应用，提高专利成果的应用转化率。

（三）个人或企业主导型孵化器的运行管理

该类孵化器采用企业化的运行模式，为一些初创企业提供服务设施设备和管理咨询服务，弥补了政府、大学和企业合作研发的缺陷。由于其最终目的是获得高利润，所以对于初创企业的遴选会更加严格。一些较大的孵化器公司通常会建立一个巨大的网络系统，包括技术咨询、市场咨询、政策法律咨询、项目评估与建议、商业计划顾问、项目调研与开发、各级政府扶持科技成果产业化的政策优惠与办理、科技研发与产业化扶持项目的申请、市场营销开拓、基金管理等细化分工，合力推进在孵初创企业的快速成长。

三、美国科技孵化器的经验借鉴

（一）政府决策及时

美国政府针对企业孵化器、加速器、高校孵化器等的不同性质和功能，在较短时间内制定法律法规、孵化资金、成果转化、企业发展等方面的扶持政策，市场运作更加规范，企业孵化成功率高、转型快、收益大。

（二）服务精细精准

美国科技孵化器服务功能强大，不仅提供完善的硬件设施、商务网络等，在孵化过程中还针对不同孵化企业的不同发展阶段，提供比较详尽的对标服务，孵化目标清晰。

（三）投资主体多元

美国科技孵化器投资来源多元，不同的投资主体形成了不同运作模式的孵化器，多元化的投资主体也形成了复杂化的伙伴合作关系，适应了不同类型的企业孵化。风险投资对美国中小企业孵化发展起到了很大的促进作用。

（四）市场配置资源

美国科技孵化器立足市场导向，根据市场规则将科技成果和资本一体化捆绑，遵循市场规律运行，实现科技产品与资金的优化配置。如果企业拥有被消费者认可的产品，则能持续存在并获得较高收益；如果企业产品不能得到消费者认可，未能及时跟随消费者观念的改变，随着时间的推移，则可能被淘汰。

第三节　日本筑波科学城创新体系建设

一、筑波科学城的建设发展

20世纪60年代，日本政府为实现由“贸易立国”向“技术立国”的战略转型，由中央政府全额出资打造建设筑波科学城，开创了科技工业园区建设的新模式。截至2016年底，筑波科学城已发展成为拥有20万常住人口，30余家国家级科研机构、300余家民间机构和高科技企业进驻，园区功能比较完善，知识和学术密集，具有国际影响的科技新城和产业新城；涵盖9个工业园区，涉及高等教育和培训、建筑研究、自然科学和工程研究、地理和农业研究以及其他公共领域。目前，筑波科学城以生物工程、绿色环保、资源能源、微电子信息、新材料创新为重点，集聚了全日本约40%的国家级科研机构和研究中心，形成了富有活力、竞争发展的产学研融合创新氛围。

二、筑波科学城的经验

科技园区的创新发展对于加强优势资源融合、推动产业经济升级具有重要意义。筑波科学城的建设主要采取政府主导与市场配置紧密结合的科技园区运行机制，管理模式方面与我国大多数科技园区的创建与管理高度类似。日本政府在立法保障、财政金融、人才集聚、生态建设、国际化推进等方面发挥了积极的主导作用，以具有吸引力的优惠政策为引导，推动筑波高校与产业企业之间、科学城内各科研机构之间的相互协同和资源共享。首先，法律保障精准有力。日本政府通过政策供给和立法手段，制定了《筑波科学城规划基本规则》《筑波研究学院园区都市建设法》《高技术工业聚集地区开发促进法》等与科技园区建设相关的专项支持政策，加大公共资源领域的持续投资，可以说，筑波科学城的成功离不开成熟的法治环境。其次，创新政策导向明确。进一步完善与科技园区相关的配套政策，鼓励利用企业孵化器促进专利成果转化。对于专利费不高于 100 万日元收益的发明专利，50% 可以归发明者个人；专利费超过 100 万日元的，个人可获得 20%，并以技术的产业化应用效益作为绩效考核标准。最后，资源要素集聚丰富。筑波科学城由日本政府主导投资，从选址规划、立项审批再到资金筹措以及运行管理都由政府决策，获得政府投资已累计超过 3 万亿日元，众多国内高端科研机构、研究中心、领军人才、高新技术企业以及日本每年近 40% 的科研经费预算都汇聚于此，并且拥有大量世界上最先进的科研仪器设备，营造了良好的自主创新和国际化氛围，有力促进了科研资源的流动、整合、共享。当然，筑波科学城在建设发展中也经历过曲折。建设运行早期，由于筑波入驻机构以国家级研究机构为主，主要依赖具有稳定保障的政府财政拨款，缺乏有效的创新激励机制和竞争淘汰机制，科研人员内生动力和创新活力不足，并且研究机构、企业、市场之间也没有形成比较完整的产学研链条，成果转化率不高，市场敏感度不强，资源利用率不足，产业融合发展不够，导致筑波高新技术产值出现“大投入、小产出”的现象，与科学城的称号不符。1989 年以后，日本政府推出“新筑波计划”，在大学和研发机构之外鼓励成立大量高科技企业，积极推进研发主体的多层次、多元化，着力加强科学城不同主体间的协同能力，注重围绕市场配置资源，以国际化为目标，在国际范围内寻求创新资源的最优化配置，形成了政府管控向市场调控转型、各类产学研机构紧密协同的动力机制，推动筑波逐步发展成为日本产学研融合创新的典范。

第四节　德国产学研合作模式

19 世纪，柏林洪堡大学的建立开启了德国高等教育的新纪元，德国成为最早将“科学研究”纳入大学基本职能的国家，对世界各地高等教育的发展产生了深远影响。随着科技与经济的不断发展，德国社会对高校“社会服务”功能的需求不断增多，高等教育同科研、生产相结合的发展模式成为主流。

为了保证高校的教学质量，鼓励学者的科研工作，德国联邦政府和各州政府于 2007 年 6 月 14 日起草了《高等教育协定 2020》（*Hochschulpakt* 2020）。该协定被分成几个阶段执行，目前为止，协定第一阶段（2007~2010 年）的各项计划已经完成。协定第二阶段（2011~2015 年）主要包括两方面内容：第一，联邦政府和各州政府将为每位新生提供一定数额的补贴，补贴金额从第一阶段的 2.2 万欧元增长到 2.6 万欧元；第二，鼓励和资助高校科研项目的发展，凡是由德意志研究联合会（Deutsche Forschungsgemeinschaft）发起的科研项目，其科研费用的 20% 由联邦政府支付，意味着高校将额外获得大约 1.79 亿欧元的科研经费。德国政府对高等教育的投资额很高，其目标是从整体上提升高校的科研水平和人才培养能力。

德国大学卓越计划是由德意志研究联合会和科学委员会（Wissenschaftsrat）共同发起的。其目的在于提高德国高校的科研水平，激励学术创新，加强大学间的项目合作，促进德国大学和国际学术机构的合作研究。该计划按照一定的标准，经过严格的审核，在德国范围内挑选出符合要求的优秀大学。被纳入卓越计划的杰出大学和杰出科研人员将获得数目可观的资助。2006 年至今，德国相关机构已完成两次审核，39 所大学得以入选。这些大学将在 2006~2012 年获得总价值 19 亿欧元的资助，其中 75% 的资助来源于联邦政府。德国大学卓越计划同中国的 211 工程、985 工程及美国的常春藤联盟作用相似，其目的是创建具有国际竞争力的一流大学。

一、德国高校产学研合作的概况

同意大利、法国等其他欧洲国家相比，德国的高等教育起步较晚，19 世纪以前，德国高校的主要职能为单一的人才培养。19 世纪初，德国著名的教育改革者、柏林洪堡大学的创办者威廉·冯·洪堡（Wilhelm von Humboldt）推行了卓有成效的高校改革。洪堡倡导“学术自由”，强调“教学与研究相结合”的办学思想，将“科学研究”纳入大学职能。以柏林洪堡大学为代表的德国大学为 19 世纪德国的科学发展做出了杰出贡献，德国的高等教育居欧洲乃至世界高等教育领先地位。

然而，随着社会经济环境的改变，德国大学的发展面临着诸多问题。洪堡等所倡导的教育观念视大学为单一的纯科学机构，任何其他目标特别是实用性和功利性的追求都应当严格排除，造成了大学的发展同社会需求脱节的弊端。经过多次高等教育体制改革，德国传统的教育观念逐渐被“教育同科研、生产相结合”的办学理念所取代，政府积极参与并倡导校企合作，建立起多个成功的校企合作研究中心，比较有代表性的有 E.ON 能源研究中心（E.ON Energy Research Center）和新材料模拟研究中心（Interdisciplinary Centre for Advanced Materials Simulation）。

二、德国产学研合作模式

（一）校企合作研究中心模式

1. E.ON 能源研究中心

E.ON 能源研究中心由亚琛工业大学（RWTH Aachen）和 E.ON 公司（E.ON AG，德国著名的能源供给公司）共同建立，是德国较大的校企合作 ppp 项目之一，拥有世界范围内比较先进的能源使用、节省、开发技术。北威州政府投资 1560 万欧元用于建设该中心，联邦政府投资额达 990 万欧元，E.ON 公司在 10 年多时间投资额达 4000 万欧元。

2. 新材料模拟研究中心

新材料模拟研究中心由波鸿鲁尔大学（Ruhr-Universität Bochum）的研究所和蒂森克虏伯公司（ThyssenKrupp AG，全球型专业材料和技术集团）建立，集结了原材料发展领域顶级优秀人才，包括工程师、物理学家、数学家和化学家等。

目前为止，企业方的合伙人包括拜耳材料科技公司（Bayer Material Science AG）、萨斯吉特钢铁公司（Salzgitter AG）和博世集团（Robert Bosch GmbH）。学术方的合作伙伴包括马克斯·普朗克联合会的铁研究所（Max-Planck-Institut für Eisenforschung）、于利希研究中心（Forschungszentrum Jülich）和亚琛工业大学。

不同于洪堡时期的教学与科研相结合的模式，这种校企合作的研发模式集基础研究和应用研究为一体，以科研带动教育与生产，优化配置了高校的学术资源，将其有效地转化为生产力。

（二）校外科研机构模式

高校是知识生产和传播的主体，在德国，除了高校本身，存在于校外的大量科研机构和组织，在科技的创新、发展与应用方面，同样起到不容忽视的作用。德国四大校外科研组织包括弗劳恩霍夫联合会（Institute der Fraunhofer-Gesellschaft，IFG）、马克斯·普朗克联合会（Max-Planck-Gesellschaft，MPG）、莱布尼兹联合会（Leibniz-Gemeinschaft，LG）和亥姆霍兹联合会（Helmholtz-Gemeinschaft，HG）。

1. 弗劳恩霍夫联合会

IFG 于 1949 年在德国慕尼黑成立，主要研究领域是微电子和微系统技术、生产和制造技术、数据处理和通信技术、工厂组织和企业管理、新材料开发、环境保护和劳动保护，以及与生物工程有关的各种技术。IFG 主要为中小型工业企业、服务性产业及政府部门提供合同式科研服务，创造了企业、高校和政府合作的成功机制。高校承担基础研究工作，政府提供财政支持，工业企业提供合同并实现科技向产品的转化，而 IFG 的研究机构致力于培养研究人员，成为连接基础研究和工业应用的纽带。

2. 马克斯·普朗克联合会

该联合会作为独立的科研组织于 1948 年在哥廷根成立，在德国范围内拥有 80 家马克斯·普朗克研究所（MaxPlanckInstitute，MPI），此外还拥有独立的新生代科研力量、国际化的合作伙伴和马克斯·普朗克研究学校（Max Planck Research Schools）。MPI 主要致力于自然、生物、精神以及社会科学等领域的基础研究。其未来的研究方向主要针对有创新意义的领域，包括在高校中无法找到合适位置的课题、在高校中由于跨学科而无法适应高校组织形式的课题，以及由于费用过高而被忽略的课题。其研究的多样性使其在很多领域填补了高校和其他科研机构的空白。MPI 还为高校的科研工作提供服务，包括提供专业图书馆和文献资料等。

3. 莱布尼兹联合会

LG 是一家包含 86 个科研机构的联合会，为科研活动提供基础设施和服务。其研究领域涵盖自然科学、工程科学、环境科学、经济科学、社会科学、地球科学和人文科学。每个典型的 LG 研究所都是一个紧凑而又灵活的个体，负责某一领域的研究活动。其科研任务介于基础理论研究与应用科学研究之间，为这两个领域搭建起桥梁。此外，LG 同高校、其他科研组织及企业在全国乃至世界范围内有着紧密的合作关系。LG 同高校的科研工作是互为补充的，两者联系之紧密，可以从德国大学卓越计划中窥知一二。正如上文所提到的，该计划包括资助特定的杰出高校、杰出年轻科研人员等。其中很多活动，LG 都积极参与。

4. 亥姆霍兹联合会

HG 拥有 15 个科研中心和 2.65 万名员工，是德国最大的科研机构。联合会每年获得的科研经费总额超过 28 亿欧元，其中来自政府渠道的经费相当于德国另外三大科研团体 MPG、LG 及 IFG 的总和。HG 在 6 个研究领域具有领先的科研水平，包括能源、地球与环境、生命科学、关键技术、物质结构、宇宙航天和交通。

在人才培养方面，上述校外科研机构除了培养自己的科研团队，还通过雇用学生员工等手段，为大学生提供了丰富的参与科研与实践的机会。例如，在弗劳恩霍夫联合会的 8500 名员工中，40% 是大学的高年级学生，科研机构在降低科研成本的同时也为大学生成长为优秀人才提供了必要的条件和环境。在科技创新方面，同高校的基础研究相比，这些科研机构侧重于应用技术的研究，研究范围更广，组织形式更为灵活，同生产实践的联系更为紧密。此外，上述机构作为大学的合作伙伴，将大学的基础研究同企业的技术需求结合起来，有效地促进了科研成果向经济效益转化。

三、德国产学研合作模式形成的条件与经验借鉴

（一）法律体系的完备

在德国，大学生成长的各个阶段都置于法律的保护之下。法律给予高校自治、学术自由的权利，保障每个人享有平等的受教育的权利。尤其值得中国借鉴的是，法律赋予大学生寻求资助和在学习期间实习、工作并获取合法报酬的权利。正是由于相关法律体系的完备，德国学生在进入高等教育阶段之后，大量地参与社会实践活动，经济上逐渐独立。由于雇用学生员工可以在一定程度上减免税负，企业也乐于接纳学生参与其生产活动。因此，在大部分企业中，都会有一定的职位专为学生保留，其工作任务由学生员工完成。此外，企业还长期为学生提供带薪实习和培训的机会。

（二）政府的适度参与

首先，德国的教育行政管理模式属于地方分权制，即包括高等教育在内的文化教育事业的立法权及行政管理权都属于各州，反对联邦过多干预。其次，高校自治，各州政府给予高校适度的监督和指导，不直接参与管理。在产学研合作发展的过程中，德国政府的主要职能包括：完善法律体系；在国家层面向全国高校和研究领域注入资金，改善高校的教学和科研环境，如《高等教育协定 2010》；聘请世界一流的科研人员，如返乡者计划；提高大学的综合实力，如德国大学卓越计划；加强高校同企业和其他科研机构的合作，分担创新风险和成本，促进科研成果的转化等，如建立校企合作交流中心。

（三）高校、企业和科研机构的深度合作

在德国，高校、企业和科研机构的合作关系颇具长期性和稳定性，如上文中介绍过的四大校外科研机构的发展模式。在合作过程当中，三方各司其职，共同发挥作用，缺一不可。正是由于这种合作关系的形成，德国的人才培养是在高校、企业和科研机构交替进行的。学生在高校获得基础知识，在企业实践，在科研机构创新学习，充分利用各方资源成长为优秀人才。

第五节　对我国产学研协同创新的启示

新经济常态下的产学研协同既是一个系统工程，也是一个动态过程。创新能力较强的发达国家有着共同的特点，即拥有趋于成熟稳定、运行有效的国家创新体系，通过适合本国国情的产学研深度融合创新，推动国家创新能力的提高。我国明确提出了“建设创新型国家”的宏伟目标，从国家战略高度将产学研融合创新作为建设创新型国家的重要抓手加快推进。应当看到，与发达国家和地区相比，我国的产学研融合创新发展过程中还存在创新资源整合与资金投入不够，成果孵化与转化效率不高、不快，创新体系机制动力不强，创新价值文化不足等问题与短板，总体上还处于爬坡越坎的低水平发展阶段，急需在政策保障、机制支撑、环境建设等方面进行改善。

一、强化保障，发挥有效的政府部门主导作用

综观世界主要发达国家产学研协同创新发展的历程，政府作为科技创新的领导者、创新政策的制定者、社会资源的统筹者，其主导作用不可或缺。无论是科技政策的立法，还是科技创新的组织，乃至科研成果的产业化，都需要政府通过宏观调控、资金投入、协调组织、政策扶持等渠道参

与到产学研融合创新的各个环节，引导各方创新资源和创新力量明确分工、密切协作，进而推动科技创新的高效运行，实现预期创新任务和创新目标，整个过程中政府部门的主导作用无处不在。借鉴国外的创新经验，政府需要通过制定和完善相关法律政策，积极搭建各种公共服务平台，完善科技中介服务机构，为各方主体的紧密协作提供制度方向和条件保障。要加大对产学研创新的投入力度，提升创新政策执行力，引导和带动企业、社会的多元化资本投入，推动产学研融合创新资源的优化配置。目前，无论是中央政府还是地方政府，无论是科技主管部门还是产业、行业主管部门，一般都掌握着一定的政策资源，但在创新项目立项、资源统筹、经费使用、人才引进、职称评审、政策红利等方面的沟通和衔接还不完善，一些项目被重复支持甚至过度支持，资金投向和使用缺少聚焦，利益诉求难以保障，个别部门政策冲突、打架现象时有发生，不利于产学研融合创新的深入开展。各级政府和政府各部门之间必须尽快优化政府职能，理顺工作机制，深化放管服改革，加快构建和完善“目标一致、动作协调、合力推进”的产学研融合创新服务机制体制，坚持与时俱进，充分激发和调动各类创新主体的创新动能和潜能，加紧推动区域创新和成果转化。

二、创新机制，确立清晰的产学研需求导向

明确企业创新主体地位。企业是产学研创新活动的直接行为主体，承担着面向市场需求的研发、生产和制造。一方面，只有通过企业的生产活动，创新成果才能转化为实实在在的生产力，有效推动经济社会发展；另一方面，企业要在竞争激烈的市场环境得到长远发展，必须要掌握自主核心技术，占领竞争的制高点，对于技术转移和成果转化有着直接的需求。高校拥有人才和技术优势，而企业又熟悉市场需求和技术瓶颈，两者优势互补，是最佳的双赢合作伙伴。企业需求是高校创新的重要动力，企业通过高校和科研院所的知识供给，能够获取所需的新产品技术，进而实现产业化和市场化，而只有通过校企产学研融合创新，高校的知识供给和成果研发才更能贴近市场需求，科研成果才能快速落地转化。因而，产学研融合创新必须要有明确的需求导向，发挥好企业的市场主体、技术创新和技

术应用主体作用，完善创新绩效评价机制。产学研融合创新系统中创新活动的阶段性、多样性以及创新主体的多元化，决定了创新评价体系的层次性和复杂性。不同的主体有着不同的价值追求，从一定意义上讲，产学研融合创新的过程也是不同目标的利益主体相互协作、相互博弈的过程。英国、美国、日本等国家普遍强调以市场需求推动科技创新，对产学研创新绩效价值的评判通常基于市场需求维度，主要考核创新主体的市场化应用成效、对创新链整体价值贡献以及有效协同度等评价指标，鼓励企业和高校加强产学研融合，朝向建立组织间长期、全方位的战略伙伴关系方向孕育未来的发展，追求整体利益最大化，最终实现多方共赢。具体到国内，要注重建立面向产学研融合创新可持续发展的绩效考核评价和激励约束机制，以创新贡献和高质量发展为导向，明确各方权利、责任和义务，解决创新过程中出现的诸如利益分配、资源匹配和道德风险等问题，尊重市场规律，保证产学研融合创新的高效性、持续性。2020 年 2 月，《关于提升高等学校专利质量　促进转化应用的若干意见》《关于规范高等学校 SCI 论文相关指标使用　树立正确评价导向的若干意见》的发布，已经开始释放出明显的政策信号。上述通知明确要求，要坚持质量优先，政策引导，全面提升高校专利创造质量、运用效益、管理水平和服务能力，支撑教育强国、科技强国和知识产权强国建设，要建立更加科学综合的评价考核体系，突出科学精神、创新质量和服务贡献，鼓励广大科技工作者将论文写在祖国大地上，把科技成果应用在实现现代化的伟大事业中。对于应用研究和技术创新，着重评价对解决生产实践中关键技术问题的实际贡献，以及带来的新技术、新产品、新工艺实现产业化应用的实际效果，更加明确了创新绩效评价的改革方向。

中小企业是产学研合作的主要对象。中小企业在经营和发展上的特点，决定了其在科技创新上比大企业更具有灵活性，是科技研发的重要主体之一。欧美发达国家通过税收、知识产权转移、政府采购等诸多方式给予中小企业优惠，以此驱动中小企业的创新活动。目前，我国已进入公民创业上升期，中小企业数量正在快速增多。因此，政府应通过制度、政策与经济手段，引导中小企业与高校等智力主体进行合作，构建以风险资本为支撑的创新性中小企业发展模式。

三、集聚资源，打造共赢的融合创新合作联盟

当前，新一轮科技革命和产业变革正加速演进，产学研协同创新正朝多学科融合、多团队协同、多主体合作、多技术集成、多资源集群方向发展。由于各创新主体涉及不同的领域，分属不同的系统，有着不同的创新特点和价值追求，有必要尽快建立不同层次的高效信息交流互动渠道与平台，解决信息不对称带来的逆向选择问题，真正实现产前、产中、产后各链条的衔接与互补。借鉴国外经验，围绕区域主导产业或市场急需的关键共性技术创新，组建由不同行业创新中心、高校、企业、科研院所、行业协会、中介机构等广泛参与、运行相对独立、利益风险共担的产学研融合创新合作联盟，运用市场机制聚集创新资源要素，加强创新主体间的互动共享、开放协作与集成创新，建立合作网络和合作机制，同唱一首歌、拧成一股绳，聚源、聚力、共建、共赢，推动更多产业化成果的培育和孵化，加快实现创新链、产业链的深度融合。

四、密切协同，提高常态化国际合作交流水平

国际化是新时期深化产学研协同创新的重要标志。随着经济全球化、市场国际化的快速发展，创新竞争日趋国际化，创新资源和要素的竞争已经上升到全球层面的竞争，美国、英国、日本等国家十分重视加强与国外知名大学、机构和跨国公司的深层次合作，集聚国际高水平领军人才团队。中国工程院院士、北京化工大学校长谭天伟说过，视野有多大、事业就能走多远，融合创新的国际化程度对于融合创新发展的事业高度有着重要影响。借鉴国际经验，产学研各参与主体要积极融入国际合作大格局，主动搭建国际合作大平台，加强宣传推介，密切与国际高水平大学、科研机构、行业高知名度企业的产学研合作，全力引进一批行业领军人物、知名学者、科研骨干、技术开发骨干等国际高端人才，推动与国际创新资源共享和优势互补，切实将需要的人才请进来，让更多的年轻人走出去，通过主办或承办国际学术会议、合作研究、访问学者、来华讲学、项目驱动等途径，推动常态化、国际化的创新人才培养，不断提升整体国际化水平。

五、提升站位，营造良好的创新价值文化环境

产学研协同创新不仅需要科技、市场的外生驱动，也需要创新文化、环境的内生驱动。崇高的创新使命感和强烈的社会责任感是建设产学研融合创新文化的价值基础。随着科学技术和市场经济的深入发展，任何一种创新行为，都难以单靠某个人、某个机构来完成。产学研融合创新不是一个简单的“1+1=2”的过程，而需要各个创新主体不断克难、不断奋斗，需要时间的等待、积累、磨炼，切不能违背科学发展的基本规律。通常，企业参与产学研融合创新的目的在于追逐利益，市场意识较强，喜见于短期；高校和科研机构参与产学研融合创新多是为了出成果，市场意识相对淡薄，各方表现出的文化差异不利于信息的交流、知识的转移。要真正使不同利益追求、不同背景身份的机构和群体形成创新合力，就有必要构建一个能使多方认同的文化价值基础，进一步完善文化价值的整合机制，倡导有追求、有宽容的价值文化和强有力、互理解的协同团队精神，促进相关创新各方能够有机结合、优势互补和高效互动，形成长久的融合、共生发展机制。

第三章 产学研深度融合机制构建

产学研深度融合创新作为整合创新资源、提高创新效率的有效途径，成为当今世界科技创新活动的新趋势和创新理论研究的新焦点，受到世界各国和地区的高度重视。我国在长期推进产学研合作技术创新的基础上，开始从国家战略层面突出强调产学研协同创新的积极推进作用。教育部联合多部委制定并出台了促进协同创新理论研究和高校协同创新能力提升的相关政策，旨在推进产学研各方创建协同创新体，建立协同创新机制。学界也对此问题给予了高度关注，从协同创新的理论基础与内涵，产学研协同创新的模式等理论角度进行创新性研究，并从系统自组织性、要素协同性、知识粘滞性等视角，研究了产学研协同创新的内在运行规律，构建了“战略—知识—组织”三重互动的产学研协同创新理论框架，提出了基于战略联盟网络结构及其创新共生、信任合作功能角度的产学研协同创新机制，为推进产学研协同创新理论研究做了积极探索，取得了一些成果。但总体来看，这些成果多是针对协同创新实践问题或其中某一主题的研究，缺乏从整体上解决产学研协同创新实践中长期存在的差异化多主体间合作动力不足、合作路径选择不合理、跨组织知识管理不当等问题的系统性研究，对开展协同创新理论研究的指导性不足。基于此，构建协同创新理论研究的基本框架，探索产学研融合的体制机制具有重要的现实意义。从产学研协同创新全过程的特征划分，可将产学研协同创新全过程分为酝酿期、接洽期和运行期三个阶段，本书将分析研究不同阶段各协同主体的职能与作用的发挥。从动力协同、路径协同、知识管理协同三个方面探索产学研协同创新体系运行的机制构建的方法与策略。

第一节 产学研融合创新机制研究的文献梳理

产学研融合创新理念体现了系统思想，国内外学者从主体协同视角就产学研协同创新的本质和特性进行了研究，并以管理学、自组织等理论为基础研究了产学研协同创新机制。Loet Leydesdorff 提出的三重螺旋系统是知识经济的自组织形式，构成了产学研协同创新的理论基础。张幼华等认为，产学研合作组织是一个自组织系统，因而可用自组织演化理论研究多主体协同创新的演进过程。李雪松等对产学研协同的自组织系统性特征与一般演化规律进行了研究。刘宇泰从协同学理论与方法角度，揭示了科技创新运行机制与模式中存在的规律。

一、产学研融合创新机制的基础是各种创新要素协同

Roland W. Schmitt 讨论了大学与产业研究关系的道德问题和协同关系，并指出，校企已经呈现互相依赖的状态，建立长效合作机制是实现协同的重要前提。刘鑫等认为产学研协作是科研、教育、生产不同社会分工在功能与资源优势上的协同与集成化，将成为企业进行技术创新的一种重要形式。陈劲等专门对协同创新的理论基础与内涵进行研究，认为协同创新是各个创新要素的整合，其中知识是协同创新的要素，知识增值是协同创新的核心再创新。就协同创新的机制构建，曹静等提出了从技术创新过程协同和金融、风险、激励等要素协同两方面协同创新的观点，认为产学研协同是技术创新上、中、下游的对接与耦合，应从全面创新管理的角度促进产学研有机结合，以进行技术创新。

二、产学研融合创新机制的构建

学界从知识管理、合作动力、利益分配、协同模式等方面研究了产学研协同创新机制的构建。Veronica Serrano 和 Thomas Fischer 指出，协同是

涉及知识、资源、行为、绩效的全面整合。王毅等从知识粘滞性角度，研究了知识管理对产学研协同创新的影响。陈培樗等指出，产学研技术联盟合作创新的动力机制包括内部动力机制和外部动力机制，同时，提出内部动力包括技术联盟各主体自我发展需求、利益驱动各外部动力机制，外部动力包括市场拉动、技术推动和政策启动。张伟认为，协同机制的基础是沟通机制，发展途径是学习机制，其局限性在于仅分析了沟通、学习，而对于围绕技术的其他要素协同未作研究。李嘉明等从系统协同的角度探讨了产学研联盟的演化机制，认为对于产学研联盟这样的社会协同组织而言，企业群和创新群之间的涨落不足以自发形成稳定的产学研联盟组织。

三、产学研融合创新协同评价研究

目前对于产学研协同创新评价的研究，以合作创新效率和绩效评价为主。这些研究所构建的指标体系大都以系统的投入产出为原则，侧重于投入产出的效率或绩效。Simon Philbin 建立了一个基于转换过程的评价模型，该模型通过建立基于转换过程的输入（投入）与输出（产出）要素矩阵，构建协同度评价指标体系。Plewa 等从关系营销和技术转移角度探讨了研发导向产学合作关系的动态演变，发现信任、承诺和互动对协同创新有持久影响。张爱琴等从知识共享、网络能力、创新绩效 3 个方面构建了产学研知识网络协同创新绩效评价指标体系。赖馨正认为，协同创新的基础是知识转移，协同创新的效果受到内外两方面因素影响。霍妍从投入、过程、产出 3 个维度构建了产学研合作创新指标体系，其中过程维度包括资源利用情况、合作承担项目情况、技术合作共建情况、相互交流情况。

第二节　产学研融合创新机制的理论起点和预期目标

一、产学研融合创新机制构建的基本要求

根据自组织理论，产学研合作组织是一个自组织系统，主体间的创新行为是一个多主体协同创新的演进过程。在市场经济环境下，企业参与产学研协同创新为了集聚创新资源、获得技术人才、提高技术创新能力、获取先进的研究成果，高等院校和科研院所则通过产学研协同创新获得企业对其研发活动的支持，促进研究的深化和研究成果的转化。因此，产学研协同创新是一种跨越组织界限的三方合作创新方式，能够充分发挥企业和学研方的组织创新优势，为技术创新提供一条有效的途径。

基于此，产学研融合创新是企业、高等院校和科研机构基于资源共享、优势互补、成果共享、风险共担，通过产学研三方共同开展技术创新活动，以实现技术、人才、信息等创新资源的有效整合，达到创新优势互补、激励群体创造力的目的，从而开发出具有高度创新性和市场导向的产品与技术。从微观层面来看，产学研协同创新是产学研三方在知识、信息、组织、管理等创新要素上的协同，其实现取决于三方行为主体之间的合作与互动；从宏观层面来看，产学研融合创新是一个国家或者区域通过整合科技要素发挥国家或区域创新的整体效应，以促进科技成果转化的一种方式，其机制构建主要应遵循以下三个方面的基本要求：

第一，要遵循融合创新的流程。产学研融合创新要按照以下流程开展：趋势分析和目标定位—创新构思和问题解决方案提出—原始创新的协同评价与改进—创新方案协同设计—技术方案评价与决策—得到产品或技术创新方案。在趋势分析和目标定位阶段，企业是主要的市场信息提供方，根据企业提供的市场前沿信息，产学研三方共同设立创新目标。创新构思和问题解决方案主要由大学和科研院所承担，企业为相关研究提供资金支持。原始创新的协同评价和改进同样由三方根据以往的合作经历共同完成。在

创新方案协同设计阶段，大学和科研院所提供产品原型设计，企业再对该设计提出修改意见，得到最终的创新方案。在技术方案评价和决策阶段，三方共同对技术方案进行评价，通过群体决策得到可行的产品或技术创新方案。

第二，要科学构建一体化的组织体系。在融合创新中，企业、大学和科研单位三方形成优势互补的协同创新体，企业为协同创新提供相应的市场信息和资金支持，大学为协同创新提供人才和知识，科研院所则提供协同创新所需的专业技术。通过三方的沟通和交流，企业获得具有市场前景的技术，大学和科研院所方面能够获得用户需求信息，从而使得创新成果更符合市场需要。

第三，要形成各方主体趋同的战略目标。在产学研合作组织体系中，由于企业、大学和科研单位在能力、资源和定位等方面存在不同程度的差异，合作各方在协同创新中产生文化、目标、理念等冲突，例如，企业以盈利为战略导向，而大学和科研院所则倾向于科研和技术开发。为了确保产学研协同创新的顺利和高效进行，战略协同是首要的前提和基础，组织协同为产学研协同创新提供组织保障。由于企业、大学和科研院所都有其自身独立的组织设计，为了实现产学研协同创新的高效进行，必须建立一个新的、跨越组织界限的柔性化组织，来对产学研协同创新进行统一管理，也就是要实现组织协同。组织协同涉及产学研协同创新过程中具体的组织安排、管理和协调，包括沟通与协调机制、激励与约束机制、资源共享和成果分配机制等。知识协同是产学研协同创新的核心，主要指知识在企业、大学和科研院所之间的转移、吸收、消化、共享、整合、利用和再创造，也即隐性知识和显性知识相互转化的过程，包括组织间的知识学习和内化、知识的共享与交互以及知识创造。从知识管理的角度来看，产学研协同创新的本质是知识协同，即通过促进知识在企业内外部的流动发挥知识的溢出效应。

二、产学研融合创新的理论基础

第一，自组织理论。自组织理论是一种系统理论，研究系统如何从无序和低级走向有序和高级。根据自组织理论，产学研合作联盟是一个复杂的自组织系统，产学研协同创新是一个系统通过不断学习、演化而逐渐走向有序和高级的过程。

第二，开放式创新理论。在知识经济时代，企业仅依靠内部创新资源是不够的。开放式创新理论认为，企业边界具有模糊性，企业的创新思想不仅来源于企业内部，也源于企业外部，即企业内外的创新思想在研究与开发过程中通过知识扩散与人员流动相互渗透、相互结合，从而实现价值创造。产学研协同创新正是开放式创新的一种形式，即企业、大学和科研单位通过产学研结合的方式形成战略合作关系，集成创新资源，协同创新。

第三，组织学习理论。组织学习理论研究组织构建知识体系，是补充知识技能的一种方式，也是发展组织效能的一条途径。在产学研协同创新中，组织学习理论不仅体现于组织内部的知识学习与智力成长，还体现于组织之间的知识转移、交流、吸收、利用和创造。在产学研协同创新中，该理论用于研究产学研团队的学习行为和方式，包括组织创新与协同、团队智慧成长、组织知识转移与学习等。

第四，创新问题解决理论。创新问题解决理论（Theory of Inventive Problem Solving，TRIZ）由解决技术问题和实现创新开发的各种方法、工具和算法组成，用于指导创新活动的进行。在产学研协同创新中，创新问题解决理论用于从产品设计方法学的角度研究产学研协同创新的实现，包含计算机辅助设计、智能设计等技术。

三、产学研融合创新的基本过程

按照技术创新的一般过程，可以将技术创新过程分成三个阶段，第一阶段：产品市场化开发—科研管理部门支持、项目组研发有市场前景的成果；第二阶段：成果、专利中介运作—项目孵化、项目集成、中试；第三阶段：公司化运作— 以产品为基础，商业化运作。然而产学研协同是一项涉及多方协同的技术创新活动，在研究合作过程时，不能将产学研三方的关系割裂，即不能在每一个阶段只研究一方的创新行为，这样不符合实际，也不利于开展创新活动，且会直接影响产学研合作效果，因为每个阶段的活动都由三方相互的行为构成。因而，产学研协同创新中，企业、大学、科研机构以技术创新的三阶段为主线，互相交流，寻找最佳方式进行合作。根据此特征，对以上流程进行简化，可将产学研协同创新过程分为三个阶段。

（一）酝酿期

企业与学研方存在一定的知识势差，企业技术需求驱使其寻找最佳合作伙伴。首先要做的是，在复杂的市场环境中，识别潜在的用户需求或产品需求，进而根据需求分析结果得出需求特征。但对依靠自身研究实力难以完成的开发或技术创新项目，需要寻求外部合作。在技术、产品领域拥有研发资源和研发能力的高校和科研院所，无疑是企业合作创新的最佳选择。进而，企业通过科技中介或直接与学研方接触，双方或多方就合作事宜进行初步磋商，明确企业技术需求。

（二）接洽期

在意愿一致的情形下，企业与学研方正式开始洽谈，主要围绕伙伴选择、合作模式选择、合作分工及利益分配等问题进行谈判。在伙伴选择上，企业选择符合要求的学研方，然后合作双方确定合作模式。一般而言，合作模式可以分为技术转让、委托研究、合作研发和共建实体等形式，企业根据自身创新能力决定采取何种模式进行合作。每种合作模式都需要确定合作分工原则，在此基础上，双方商洽利益分配方式与分配比例，最终签订合作协议。

（三）运行期

经过以上两个阶段后，企业与学研方就合作事宜形成预先协定，合作正式进入运行期。双方的主要合作行为包括建立合作组织、内部信息交流、文化融合、知识创造、监督协调。首先合作双方建立合作组织，合作组织可以是实体组织也可以是虚拟组织。合作创新活动正式开始，双方进行信息交流、文化融合，同时进行监督协调活动，保证合作朝有利于创新的方向发展。双方选择的合作模式不同，运行期合作行为的侧重点也有很大差异。

四、产学研融合创新的冲突

产学研协同创新是一种涉及多方、跨组织、跨界面、跨文化的合作创新活动。如果合作协同没有良好的机制加以引导，就很容易出现协同的负面效应——冲突。换言之，产学研协同创新的协同机制预期目标就是解决产学研各方的冲突问题，以达到“1＋1＞2”的协同效应。经研究发现，产学研协同创新的冲突来源主要是以下几方面：组织目标差异、组织文化差异、组织知识差异、组织依赖互补、组织信息不对称。

（一）酝酿期的产学研协同创新冲突

酝酿期最大的冲突在于产学研结合的动力不足。产学研合作各方处于不同领域，各自追求的目标和价值观念也不一样，故合作各方动力不足、活力不强。高校、科研院所的教师和科研人员比较重视个人荣誉，追求学术成就和自我价值实现。科研产出以有利于职称评定的论文和专著为主，可能会忽视科技成果的应用。教师和科研人员面向企业、面向市场、面向实际应用开展研发的动力不足。企业对高校和科研院所的科技成果有一定程度的需求，但是我国企业的经营结构和产品定位使企业容易产生短期行为。经营者为了在任期内出成绩，往往会吃老本、拼设备，倾力于内部挖潜和成本节约，只要求财务报表更“好看”，而不考虑企业长远发展。只要眼前的产品能维持，就不再投入资金引进新技术、开发新产品，缺乏科技需求的内在动力和活力。

酝酿期的冲突主要包括：识别市场机遇、技术需求分析、政策法规制约、沟通渠道缺乏等。

（二）接洽期的产学研合作创新冲突

在合作过程中，企业与大学的价值观、活动背景、技术价值认知、企业家与科研人员的精神碰撞等因素会影响彼此的认知，进而导致双方在接洽期互不信任的冲突。在选取合作方式时，部分企业可能会有“交钥匙”的想法，认为只要是学研方的研究成果就可以解决问题。而相当一部分大学与科研机构也宁愿只交成果，即“一方被动，一方拉动”，一方认为此次合作应该采取合作方式甲，而另一方出于种种原因只想采取合作方式乙，从而造成合作方式上的冲突。除双方互不信任、合作方式不协调等问题外，合作双方就合作利益分配问题也会产生冲突。利益分配关系到产学研合作各方最根本的参与动机，利益分配方式的确定则是重要的合作内容。

接洽期的冲突包括：寻找参与伙伴、确定合作方式、签订合作契约、双方互不信任、合作方式冲突、利益与目标冲突、合作过程缺乏稳定的动力、合作各方对路径的协调认识不当、合作各方对合作创新的关系协调本质认识不清等。

（三）运行期的产学研合作创新冲突

运行期双方的主要活动是建立合作组织，开展研发活动或技术咨询改进活动。可能面临的冲突主要有价值观冲突、管理方式冲突、信息沟通渠道不畅、知识共享不足等，价值观冲突在运行期表现突出。在建立知识创造组织，确立知识合作战略、知识产出目标时，企业与高校由于价值观、知识背景等差异会产生冲突。能直接反映内部矛盾的还有管理方式冲突，企业管理重在效率优化，以利润最大化为目标；高校管理重在自由与学术思想的迸发，以学术创新和人才培养为目标。在跨组织合作中，合作成员的背景往往具有很大差异。因此，合作过程也必须伴随大量的信息沟通与知识共享。

运行期的冲突包括：建立合作组织、内部信息交流、文化融合、知识创造、监督协调 、价值观冲突、管理方式冲突、信息沟通不畅、知识共享不足等。

第三节　产学研融合创新机制的基本框架

通过对产学研协同创新过程的分析和冲突解决的研究，针对创新行为内嵌于产学研协同创新全过程的特征，可将产学研协同创新机制归纳为三个层次：目标层、评价层、行为层。目标层是指产学研协同创新的最终目标，它是一切协同活动的指导原则和目标，是协同机制的重要组成部分，目标层表征产学研协同创新效应。评价层是对产学研协同创新的主要活动进行评价，以明确目前产学研协同创新系统的有序度。行为层是产学研协同创新的合作协同行为与关系的总和，是整个协同机制的基本单元或支撑，包括动力协同、路径协同和知识管理协同。三个层次互相联系和制约，构成了产学研协同创新机制。

一、构建产学研融合创新的动力协同机制

产学研协同创新系统是一个具备自组织性的复杂系统，具有开放性、动态性、非线性、不确定性等特征。由于系统内部各要素之间的先天差异和资源互补的存在，各要素出现非平衡态，之后通过与外界环境之间不断进行物质、能量与信息交换，触发系统内部合作与竞争的非线性作用，从而产生产学研协同创新系统的协同性，实现协同过程。因此，从自组织理论的角度，用协同学的基本原理和方法，可以为探究产学研结合技术创新的动力问题提供一个清晰的视角。产学研协同创新系统的动力是内部动力和外部动力的共同作用力。系统内部存在着左右系统有序发展的动力，外部存在着左右系统有序发展的控制力。外部动力相当于“电源”，保证系统启动并运转；内部动力相当于“系统内部有序运转的方式”，为系统内部结构调整和功能变化提供推动力。两者相互依存，共同推动产学研协同创新达到持续、紧密、稳定的合作状态。

产学研协同创新系统可看作是一个开放系统，该系统的控制参量是与自然界交换的能量流、物质流、信息流。控制参量决定了产学研协同创新系统的发展路径与发展方向。因此，控制参量的大小或强弱是系统从无序进入有序的基本条件。外部动力就是系统的控制参量，包括政府对产学研协同创新系统的政策法规等，是刺激产学研结合的直接推动力。从协同学角度看，外部动力就是系统发展演化的控制参量，是系统的外部动力源。控制参量只是系统演化的外在条件，真正决定系统演化的是系统序参量，即系统的内部动力。产学研协同创新的序参量也可以称为产学研协同创新

的内部动力。产学研协同创新系统的形成和演化必须由序参量决定，序参量直接作用于整个系统的演化形式与演化状态，是表示系统有序结构和类型的宏观参量，也是子系统介入协同运动程度的集中体现。内部动力是指产学研合作时形成的合作创新能力，是合作各方之间能够形成协同合作方式和效应的基础。从协同学角度看，内部动力就是系统发展演化的序参量，合作创新能力支配企业主体的行为，体现系统的协同创新程度。在合作创新能力和政策法规的共同作用下，产学研协同创新系统将从无序混乱状态向有序方向发展，形成紧密、稳定、持续的合作状态。

二、优化产学研融合创新的路径

产学研协同创新路径是指合作各方在合作开始后，根据自身特点、技术特点和环境特点，对合作方式进行选择的一系列可选择路线的总和。传统创新模式一般遵循两种路径，一是前向线性创新模式，强调从科学研究发现出发，开发出新产品及工艺；二是逆向线性创新模式，强调从生产实际出发，利用科学研究解决实际问题，反过来促进科学研究。从企业视角看，企业与高校等合作追求的是竞争优势和超额利润，而实现竞争优势与超额利润的一个重要手段便是获得科技优势，或者称为知识产权优势。因此，应以企业为主导，进行产学研协同创新路径的选择，发挥产学研协同创新耦合器作用。产学研结合过程中，合作路径选择不当会产生合作方式冲突、利益冲突，知识产权冲突等。其中，知识产权冲突是利益冲突的重要原因。从知识产权归属的视角来看，产学研协同创新路径选择可以从技术转让、合作研发和合作创办企业三个角度考虑。每次合作技术创新一般只能选择一条路径，每条路径对应不同的利益分配方式。

产学研协同创新双方在确定知识产权归属后，根据各自的特点和互补性选择合适的合作创新路径，并基于利益分配博弈，解决合作双方的利益分享问题，为双方创新的实施提供良好的耦合方式。高校和科研机构参与合作创新的主要目的就是获得利益，而利益的基本表现形式为物质利益，主要为资金。企业参与合作创新的最根本目的是获得竞争优势，而获得竞争优势的一个基本条件是有资金支持，竞争优势在市场条件下能够以一定的资金来体现。因此，产学研结合技术创新的竞争主要表现在对利益的竞争上，而利益竞争使得产学研结合技术创新的路径不同。

三、创新产学研协同体系的管理模式

知识管理协同是产学研协同创新的核心，它承载了产学研主体协同创新的知识增值与应用。知识创造是双方协同创新的核心，将创新知识与企业制造部门对接，是双方协同创新知识应用的关键。产学研协同创新的主要目的是知识的传递和产生，并将知识对接至制造部门，以实现产品化。而知识管理是在技术创新流程层面实现对知识创造、共享、转移、增值和应用的管理，从而产生产学研协同创新中跨组织的知识管理活动，在学研和企业之间建立一个知识系统，将各主体的知识交汇融合、增值更新，并最终将新知识运用于企业的实际生产中，这种协同关系就是产学研协同创新的知识管理创新。知识管理协同机制更强调合作各方间的相互作用——企业与学研在产学研协同创新中的相互作用，使产学研各方在知识资源共享、信息及时沟通、新知识应用等方面紧密合作，从本质上提升了合作创新能力。产学研协同创新的知识管理协同包括知识创造协同与知识对接协同。产学研各主体在知识创造协同的基础上，进一步将知识与企业实际对接。产学研协同创新的知识对接协同模型是知识创造协同模型的延续，两者紧密衔接，共同组成产学研协同创新的知识管理协同机制，产学研协同创新知识管理协同机制强调企业与学研方在创新时的角色定位和行为规则。企业和学研方都是知识的提供者，双方在知识共享、吸收、转化、增值四个阶段根据知识战略进行创新，由知识中介人进行辅导，从而实现新知识产生的目标。知识对接协同机制指企业与学研在合作创新产出新知识后，将整个知识系统完全导入企业中，将承载新知识的技术应用到企业生产流程中。双方经过评估应用差距、识别差距点、新知识中间试验、确定解决方法、商业化应用、控制和考核等步骤，完成知识对接。

目标协同、资源协同和行为协同是产学研协同机制运行的前提。目标协同明确产学研各方在创新过程中的职责和目的，起到引导和促进协同的作用，包括任务分配协调和运营目标一致。资源协同的目的是确保各项资源在协同创新过程中在产学研合作组织内部合理分配、顺畅流动、充分共享，从而促进产学研协同创新的实施，主要包括人力、信息资源和资金三个方面的资源协调。行为协同是最为关键的一步，为产学研协同创新的具体实施提供指导，主要包括研发协调、交易协调和利益分配协调。因此，要实现产学研协同创新需要产学研各方在不同层面实现多要素协调，从而促进宏观协同效应的产生。在战略层面上，要构建产学研协同创新战略平台，主要解决战略层次的协同控制问题，主要包括：联盟组织文化与价值的融合；建立统一、明确的目标；在产学研协同创新的过程中实行协同决策；建立统一的技术标准和安全监督机构。在策略层面上，要对产学研协同创新做出具体的策略安排和部署。多个企业之间进行协同控制，需要建立一系列关系来协调各方关系、划分各方的权利与义务、规范各方行为等，这就需要产学研各方之间形成系统的制度规范，主要包括：契约与自律机制、收益共享与风险分担机制、激励与约束机制、沟通与协调机制等。这是增强产学研合作组织的协调性和快速反应性，确保三方权利和义务的组织保证。在具体的操作层次上，需要采用具体的方法和手段解决产学研协同创新中可能出现的具体问题，主要包括：信息与数据采集、存储、传输的标准化，促进信息与数据在合作各方之间快捷、高效传播和共享，有效衔接上下游企业形成耦合效应；搭建信息与数据实时动态交流平台，实时了解和共享各方信息；建立相应的保密制度，拓展信息共享和合作的深度与广度，促进合作各方的互信互利。

产学研各方在内部动力因素驱使和外部动力因素刺激的双重作用下寻求产学研合作伙伴，进行协同创新。产学研协同创新的内部动力因素主要是获得利益，利益不仅包括经济利益，还包括知识、人才、信息、风险的共享与分担，促进创新效率的提高，加快创新成果的转化和获取更好的发展条件以及市场机遇等。外部动力因素表现为政策环境的激励。政府作为产学研协同创新的外部推进者，制定各种产业政策、科技政策，推动产学研协同创新的开展。内、外部动力因素相互作用、互相依存，共同推进产学研协同创新达到持续、稳定的合作状态。

第四节　产学研融合创新的运行机制与评价机制

一、运行机制

产学研协同创新的本质是知识在产学研组织之间的转移和扩散。产学研协同创新事实上是个体知识通过组织学习转化为组织知识，再通过组织间学习转化为产学研共享知识的过程。个体知识由个人动机、个性特征、认知技能和知识决定，组织知识由组织动机、组织特征、组织构成和组织过程决定，产学研共享知识由产学研合作动机、创新战略、共享模式和开放态度决定。个体知识通过个体的直觉感知、团队的解决说明和组织的归纳总结转化为制度化的组织知识；组织知识通过知识传播、融合与创造转化为产学研共享知识。在产学研协同创新中，企业与学研方通过协同平台进行组织间学习和知识集成，进而实现知识再造与升级，形成产学研共享知识。产学研共享知识反过来促进组织知识的成长与进化，进而促进个体知识的成长。在产学研协同创新的模式选择上，产学研合作组织可以选择技术转让、联合开发和共建实体三种方式进行产学研协同创新，每一种方式决定了不同的合作方式和知识产权归属，合作各方应该根据各自的特点和互补性原则选择不同的协同创新路径。三种方式反映了产学研三方不同的结合方式，其中共建实体的合作方式最为紧密有效，但是也对企业选择学研合作方提出了更高的要求。此外，产学研三方合作共建的产学研协同创新知识库、人才资源库和信息资源库为产学研协同创新的进行提供必备的资源保障。

二、评价机制

一是协同创新组织的兼容性。产学研协同创新的关键在于寻找目标一致、优势互补、资源共享的合作伙伴，整合产学研三方的优势资源，产生规模效应和协同效应。因此，产学研组织的兼容、互补和协调是协同创新深度开展的基础。组织兼容主要包括目标兼容性、组织兼容性、知识互补程度和资源互补程度。目标兼容性指协同创新主体目标和动机的一致性；组织兼容性是提高产学研协同创新管理效率、避免多头管理和管理混乱的有效途径；知识互补程度是合作各方在知识领域、知识结构、技术专长等方面的互补程度；资源互补程度指合作各方是否拥有互补性的资源、平台和社会网络。

二是协同创新组织的创新能力。创新能力直接影响产学研协同创新的绩效。由于产学研三方不可能存在完全相容的情形，因此，产学研创新组织的创新能力并不是产学研三方创新能力的简单加总。对于产学研组织创新能力的评价可以从以下四个方面进行：知识传播与扩散能力、知识转化与应用能力、研究与开发能力、管理与执行能力。知识传播与扩散能力指产学研组织的知识学习和成长；知识转化与应用能力指产学研组织相互吸收知识、再创造知识和实际运用的能力；研究与开发能力指产学研合作组织在现有技术水平和市场信息条件下发现和解决问题的能力；管理与执行能力指合作各方对任务组织、执行、协调的能力。

三是协同创新组织的协同能力。产学研协同创新是典型的产学研合作形式，强调行为主体之间的合作创新和协同发展，因此，产学研各方的协同能力是衡量产学研协同创新绩效的一个重要指标。协调能力包括合作各方的合作意识和态度、沟通交流能力、团队合作能力和文化协同能力。合作意识与态度决定产学研合作组织的开放程度和资源、信息等的共享程度；沟通交流能力指合作各方相互理解、相互交流的水平，决定产学研组织内部的信息传递是否通畅，内部学习氛围是否活跃；团队合作能力指各组织的团队精神、组织观念和合作技巧等；文化协同能力指产学研各方对文化差异的敏感性和适应性。

第五节　产学研深度融合机制障碍及破除

改革开放以来，推进产学研合作一直是我国科技体制改革的重要内容之一，中央为此下发了一系列文件，国家也颁布了相应的法律法规，使产学研合作取得了长足进步，在国家重大科技项目和重大工程技术攻关中发挥了积极的作用。但是，随着产学研合作广度和深度的不断扩展，一些深层次的体制机制问题日益凸显，严重影响了产学研合作的质量、效率、动力，制约了其在应用基础研究领域里更好地发挥作用。党的十九大明确提出，要深化科技体制改革，建立以企业为主体、市场为导向、产学研深度融合的技术创新体系。顺利实现产学研深度融合，既是建立完善我国技术创新体系的关键，也是发挥社会主义制度优越性，构建协同创新生态，突破核心技术瓶颈的重要途径。因此，迫切需要通过深化改革破除制约产学研深度融合的体制机制障碍。产学研合作主要是基于加快科研成果向现实生产力转化的需要，按照利益共享、风险共担及优势互补的原则，企业与高校、科研院所共同开展的技术创新活动。在推动这种产学研结合的过程中，政府发挥着重要的“牵线搭桥”作用，并由此形成了“政产学研”模式。后来，进一步强调“用”，又演进形成了“政产学研用”模式。在此基础上，发展起来一批有影响的产业技术联盟，逐步凸显企业的创新决策、研发投入、科研组织、成果转化的主体地位。目前，国内高校科研经费中已有 30% 来自企业，规模是 10 年前的 3 倍；各类科研机构来自企业的经费更是达到 10 年前的 4 倍。中央企业牵头或参加的国家及地方技术创新联盟近 500 个，年度经费支出约 10 亿元；参与的产学研合作项目多达 1.36 万个，已累计支出经费 150 多亿元。长期以来，隶属于不同系统的企业、高校及科研院所，由于客观上受到体制藩篱的制约，往往只能在体制允许的范围内开展合作，强调“企业出钱、学校和科研院所出力”，采取“点对点”的技术转让、委托研究和联合开发，多以“短、平、快”的合作项目为主，以局部、阶段性的合作方式为主，以解决一般性、临时性的技术问题为主，可以“一手交钱一手交货”“一锤子买卖”，各方合作人员、机构、项目、经费等都不稳定，难以实现对某些重点技术领域的持续稳定联合研究、人才培养以及相应的知识创造、积累和共享，无法有效解决制约产业发展的共性问题和重大技术难题。我国的产学研合作已从“结合”进入到“深度融合”的新阶段，迫切需要拆除产学研之间的体制藩篱，冲破各自内部的体制机制障碍，加快构建政府、企业、高校、科研院所以及中介服务、金融等机构相融合的创新共同体，着力打造具有中国特色的产学研协同创新生态。

一、制约产学研深度融合的机制障碍

（一）参与产学研协同各方主体所追求的利益不同，存在着不利于企业发挥主导作用的障碍

在政策驱动、政绩导向下，地方政府对推动产学研合作的积极性比较高，许多大型产学研合作主要依靠政府“牵线搭桥”，甚至直接“拉郎配”和“包办”，一些企业被动地参加当地的产学研合作或技术创新联盟，部分企业将其视为履行社会责任、处理同政府关系、树立良好形象的需要，而对从合作中受益并不抱太大希望。由于政府掌握着一定的引导资金，学校和科研机构的积极性比较高。从对部分参加产学研合作的企业的调研访谈来看，普遍反映企业在研发投入、成果转化方面的主体地位较为明显，而在创新决策、科研组织方面的主体地位并没有得到有效落实。特别是在由政府牵头的重大产学研合作项目中，企业没有主体地位、缺乏主导作用和足够的话语权。在国家科技计划与项目论证中，评审组大多由政府官员和来自高校、科研院所的专家组成，来自企业的专家较少，不能充分反映和体现企业的需求。一些重大科研攻关项目也主要交给高校和科研院所牵头，要求企业提供资金配套、现场试验。在这种情况下，企业对借助产学研合作获得技术突破的信心不足、积极性不高，宁愿选择“拿来主义”，根据生产需求直接引进成熟技术。根据浙江省对近年来产学研合作情况的调查，产学研合作占企业科技成果转移转化比例超过 50% 的企业仅有 10% 左右，同时只有不到 40% 的企业认为高校和科研院所的科技成果对企业帮助较大或有所帮助。

（二）产学研合作项目主要集中在接近产业化的创新链后端，存在着竞争性冲突的障碍

产学研合作项目主要集中在接近产业化的创新链后端，无论是技术或产品开发、技术服务还是成果转化都属于竞争性领域。由于合作各方对知

识和技术的掌握程度不同、拥有的资源和信息不对称以及参与形式和工作方式有差异，合作中容易存在“偷利”行为，影响各方的信任。产学研合作项目未来产生的收益与当初的预期可能存在着较大差异，双方在收益分配和知识产权归属上容易产生冲突与矛盾，也会影响到双方合作的持续性、稳定性。目前，高校普遍把产学研合作项目独立于基础或应用基础研究之外，在基础或应用基础研究领域的产学研合作很少，导致合作成果的创新性不足，有影响力的新理论与新认识偏少，核心专利偏少。高校往往不愿意毫无保留地将知识或技术转让给企业，而企业在科研成果创效后也不愿意更多地与合作单位分享，因此，一些高校宁愿自己直接进行科研成果转化。近两年，在全国科技成果转化技术市场交易中，高校和科研院所的成果数量年增长率超过 20%。有的高校组建了大批股份制学科性公司，科研人员直接入股，参与成果推广和利益分配。

（三）产学研合作各方的管理体制条块分割，存在着制度协同的障碍

高校、科研院所与企业之间，在人事管理、人才评价、考核分配、福利待遇、社会保障等方面的制度差异性较大，很难达成合作目标与价值的一致性，也限制了相互之间的人才流动和深度融合。高校人员的考核评价以承担国家项目、基金项目（纵向项目）、发表论文或著作、成果获奖等为主，而企业则追求成果应用、市场创效，并要求对研发成果的保密和独占，不愿意共享信息数据。在调研访谈中，企业与高校、科研院所都反映双方人员缺乏共同语言，各说各话，一些合作项目基本上是开始的时候热热闹闹，后来渐渐名存实亡、找不到人。由于高校对基础研究、应用研究、成果转化和教学人员的考核评价标准常常“一刀切”，缺乏合理的分类管理，又把产学研合作项目简单作为横向项目对待，在晋升职称、人才评价、成果奖励中占的分量较轻，高校人员宁愿多写几篇论文，也不乐意参与产学研合作项目。另外，企业与高校、科研院所之间在养老、医疗、工伤、生育、失业等社会保障方面存在较大的差异，制度模式和待遇水平都不同，产学研合作中一旦涉及跨行业、系统的人才流动，往往无法顺畅地办理调动、转移社保关系，特别是目前从学校到企业的流动，还会造成一定的福利损失。长此下来，使得产学研各方人员内部自我循环，隔阂越来越深。

二、破除产学研深度融合机制障碍的对策与建议

（一）同步落实企业在产学研深度融合中的主体地位与主导作用

产学研深度融合的关键是强化和突出企业的主体地位，并能够真正发挥主导作用。让企业既扮演科研项目的“出题人”，又能成为合作项目的管理者，负责决定研究方向和参与成员，有效组织开展创新活动。推广实施企业研发费用投入后补助政策，把决策权交给企业，支持企业自主决策先行投入创新。在国家科技计划中，提升企业的话语权，加强自下而上进行选题，多向企业征集具有科学意义且满足公共利益需求的研究课题。在国家科技项目申请、验收等环节增加来自企业的评委，促使高校、科研院所的科研工作脚踏实地与企业实际需求及国家产业技术瓶颈结合。鼓励并支持提出需求的企业（特别是拥有丰富科技资源和科研机构的大型企业）牵头实施重大科技项目，引导技术、人才等创新要素向企业集聚。在大型企业建立首席科学家制度，首席科学家不同于企业分管科技的副总、首席专家、总工程师等，他们了解掌握最新的科学知识、技术发展前沿及趋势，具有全球化视野、较高的学术权威及影响力，不仅能够引领企业的技术发展方向，而且具备从产业需求提炼出科学问题的能力、与高校 / 科研机构沟通交流的能力、承接最新研究成果的能力等。

（二）支持产学研合作向应用基础研究领域延伸

在基础或应用基础研究领域开展产学研合作属于竞争前合作，高校、科研院所与企业间的目标冲突最小。目前，我国应用基础研究的参与或执行主体是高校和科研院所，通过开展产学研合作，可以借助企业对应用基础研究的现实需求，促进高校、科研机构提高研发效率和知识生产速度，在面向国家重大需求的关键领域取得实质性研究成果，加快具有较大经济社会价值的知识成果向生产应用的转移，反过来也有助于提升企业基础研究能力。同时，国家应多鼓励高校与产业界联合申请各类基金项目，并对由企业介入投资研发的项目实行重点资助。美国国家科学基金会自 1971 年就陆续制订了多个促进产学研合作的计划，把基础研究、应用研究与未来产业发展紧密联系起来。可在国家科技计划中设立专门的“应用基础研究

产学研合作计划”，对产业共性技术问题，以形成国家核心竞争力为目标，进行国家层面的顶层设计和长远规划，由国家财政拨款持续稳定地支持应用基础研究领域的产学研合作；选择有能力的行业骨干 / 领军企业牵头，相关企业参与，依托科研能力突出的高校或科研院所作为研究主体，建立长期稳定的产业联盟和联合实验室 / 研发中心，承担产学研合作计划项目，开展相关应用基础研究和竞争前行业共性技术研发。

（三）完善促进产学研深度融合的制度体系和政策措施

调整完善高校和科研院所的考核评价与激励办法，打破“一刀切”的评价标准，形成可以与企业相通相融的体系。特别是在高校，应建立鼓励产学研合作的考核体系，改变以项目来源划分项目性质的做法，同等对待在应用基础研究领域开展的产学研合作项目与来自国家的纵向基础研究项目。在人才评价、晋升职称、成果评奖等方面，提高产学研合作项目的分量；改革完善科研信息数据保密制度，科学界定信息数据的保密类型及等级，鼓励产学研之间以签订信息数据许可使用保密协议的方式，解决相互保密、相互封锁的问题，提高科研信息数据的共用共享效果。鼓励产学研单位之间人员的有序流动是实现深度融合的关键，西方发达国家普遍重视建立这种“旋转门”机制。在当前无法彻底解决高校、科研院所与企业之间在工资、职称、福利、养老体系等方面的有效衔接的情况下，可重点引导高校、科研院所设立面向企业科技人员的客座教授、兼职研究员岗位，不受编制、学术成果限制，可以获取一定报酬；引导并规范高校、科研院所选派科研人员到企业兼职服务，不受用工指标、工资总额限制，也可以获取一定报酬。将产学研合作中的人员交流、兼职及从业经历作为一个重要的评价指标引入人才评价体系，通过广泛的人员交流和良性互动，实现产学研的深度融合。

第六节　构建有中国特色的产学研深度融合体系

随着新一轮科技革命和产业变革的大规模快速发展，研发与产业化组织模式也正在重构，创新链条各环节相互渗透，创新主体不断走向融合，创新活动不断突破地理与组织边界，推动产学研合作创新是顺应当今世界科技创新发展趋势的有力举措，也是推动中国经济从高速增长迈向高质量发展的必然要求。提高产学研合作水平，事关国家治理体系和治理能力现代化，能够极大提升创新转化为生产力的能力、水平和速度。20 世纪 80 年代，邓小平提出“科学技术是第一生产力”的重要思想以来，我国便开启了产学研合作的实践探索。40 多年来，在经历了起步探索、试点推广、重点突破、战略转型之后，中国产学研合作实现了从产学研结合到产学研协同创新、深度融合的伟大转变。特别是党的十八大以来，科技创新加速突破应用，新技术、新产业快速发展，构建了产学研深度融合的技术创新体系，不仅为经济结构调整和产业优化升级注入强大活力，而且为供给侧结构性改革进程中保持经济中高速增长提供强大支撑。党的十九届四中全会要求，要巩固和完善科技创新体制机制，建立以企业为主体、市场为导向、产学研深度融合的技术创新体系，支持大中小企业和各类主体融通创新，创新促进科技成果转化机制，积极发展新动能，强化标准引领，提升产业基础能力和产业链现代化水平。这为新时代科技创新，特别是产学研合作创新指明了方向。受国际局势影响，我国经济运行仍存在较大下行压力，经济增长不确定性因素增多，必须坚持创新驱动发展战略，以创新提高全要素生产率，提供增长新动能，推动技术革新、产业升级。值此“十四五”规划启动之际，立足近期，着眼长远，更加迫切地需要切实推动产学研深度融合的治理体系设计，提升科技治理能力和水平，以更好地遵循市场规律，优化创新资源配置，推动创新要素集聚，充分激发创新潜能，为引领经济高质量发展、做好 2035 产业布局打下坚实保障。

一、强化从研究到应用的全链条协同创新，促进产学研的深度融合

党的十九大要求以供给侧结构性改革为主线推进现代化经济体系建设，实现我国经济发展方式转变、内在结构优化和增长动力转换。把握产学研融合发展规律，提升促进高效协同的制度供给水平尤为重要。当前，应用

研究和技术开发的界限愈发模糊，科研成果转化周期不断缩短，人工智能、信息网络、生物科技、清洁能源等领域颠覆性技术层出不穷，跨界、跨行业、跨领域的新技术、新产品、新服务不断呈现，成为社会生产力新飞跃的突破口。新技术的突破和加速应用，往往会引发新产业对旧产业的替代，新技术、新产业厚积薄发，取代旧产业的“拐点期”变短，速度明显加快。把握住这一规律，科技创新在供给侧结构性改革中就大有可为。要进一步深化科技体制改革，以改革驱动创新，以创新驱动发展，通过制度安排，促进政产学研用等参与各方各司其职、高效协同。积极优化创新体系的顶层设计，强化企业在项目规划、投入、产学研合作和成果应用方面的主体地位，明确高校、科研院所等主体在创新链不同环节的功能定位和重要作用，发挥国家科技重大专项加强基础研究、突破关键技术、集成创新资源和推动市场应用的重要支撑作用，将基础研究、技术创新、商业模式创新与巨大市场规模有机结合，从而不断增强研发能力和创新效率，使研究成果更具有市场竞争力，更有利于产业化，形成全链条、一体化、快速迭代的创新模式。

二、着力构建新型举国体制，促进产学研的合作创新

党的十九届四中全会提出，要构建社会主义市场经济条件下关键核心技术攻关新型举国体制。新型举国体制是通过科学统筹、集中力量、优化机制、协同创新，把各方面的力量集聚起来、发挥出来，立足于重大创新成果产生而做出的创新性体制安排。旨在用科技创新支撑引领经济建设，强调企业和市场的主体和导向力量，强调技术与市场经济效益并重，强调用好政府与市场这两只手，是对传统举国体制以行政配置资源为主的超越，形成部门、地方、全社会参与科技创新的格局，最大程度地调动、激发各方主体的积极性。改革开放 40 年来，我国在移动通信、现代核电、载人航天、超级计算等领域取得的一系列重大科技成果，正是得益于新型举国体制的巨大优势。面向新时代，面对日趋激烈的国际竞争，我们要更加坚定地发挥新型举国体制的潜在作用，把集中力量办大事的制度优势、超大规模的市场优势，同发挥市场在资源配置中的决定性作用结合起来，以健全

国家实验室体系为抓手，加快建设跨学科、大协作、高强度的协同创新基础平台，强化国家战略科技力量。坚持自主创新，不断完善组织机制，加强军民融合与开放合作，在战略必争、国家急需的领域，完成一批重大战略产品、关键核心技术和重大工程，探索中国特色产学研协同创新的新模式、新方法、新机制，加速推动产学研的合作创新和转型升级。

三、着力构建自主可控的产业技术生态，促进产学研的开放创新

新一轮科技革命和产业变革不断推动各种边界的突破和各类要素的重组，使得科技与经济社会在融合中不断衍生出富有崭新特征的全球化浪潮，让世界“牵一发而动全身”。当前，科技和经济全球化的态势日益凸显，表现为科学知识广泛传播与普及、科技人才自由流动、技术有规则转移和扩散、产业合理分工、市场开放准入，提高了全球资源配置的效益与效率。因此，一方面，我们要坚持全球化，反对单边主义；另一方面，要继续扩大开放，提高开放合作的水平。从多年实践和当前形势来看，高水平开放合作需要与提升自主创新能力相辅相成，需要产学研各界的共同努力。一是要以自主可控为原则，系统掌握前沿领域的关键核心技术。以华为为代表的中国企业积极融入国际产业链，参与全球产业分工，并构建全产业链技术生态，不断提高自主创新能力，强化5G标准的主导权，在芯片、操作系统等关键环节打造自己的“备胎”，依托移动终端实现自身的可持续发展，在弥补自身短板缺项的同时，避免产生新的路径依赖，着力重构自主、开放、可控的产业生态。二是引进的先进技术要在消化吸收的基础上实现差异化再创新，规避卡脖子的风险。中国高铁在引进吸收的基础上，逐步建立自身的标准体系，具有中国技术标准和完全自主知识产权的复兴号顺利运营，生产高寒高速、混合动力、永磁牵引列车等谱系化系列产品，并自主研发了600千米高速磁浮试验样车，形成了中国高铁的技术标准体系。产学研各界应全方位加强国际科技合作，积极参与全球创新网络，不断调整和重构国际科技竞争与合作的关系，建立新的均衡点。当前和今后的一段时期，我国经济稳中向好、长期向好的基本趋势不会变。要坚持用辩证

思维看待形势发展变化，保持战略定力，增强必胜信心，沉着应对各种风险挑战，善于把外部压力转化为深化改革、扩大开放的强大动力，集中精力办好自己的事。坚持自主创新道路，积极探索中国特色产学研合作创新模式，坚持问题导向、目标导向、结果导向，建立健全以需求为导向、效率为先导、价值为目标、企业为主体的新型产学研一体化联动机制，努力构建高效协同、开放创新、融合顺畅、机制灵活、保障有力的企业家、科学家、金融家协同创新平台。

第四章 产学研深度融合的发展与实现路径

第一节 产学研深度融合的由来与发展

随着中国改革开放的推进，也迎来了科学的春天。从 20 世纪 80 年代开始，产学研合作逐步受到企业、高校、研究机构的重视，并成为科学技术发展与创新的一种有效手段和模式。历经 40 多年的发展，我国产学研协同创新经历了起步探索阶段、试点推广阶段、战略转型阶段和重点突破阶段四个阶段。

一、发展阶段划分及特点

（一）第一阶段：起步探索阶段（1980~1990 年）

20 世纪 80~90 年代，我国企业、高等学校、科研机构积极着手开展合作，政府也进行了各种各样的研究开发机制的改革，为科学技术和经济增长的结合不断努力。可以说在中国产学研结合起步和探索阶段，我国的产学研协同创新取得了一定的成绩，积累了不少的经验。首先，从政府理念上明确了产学研协同创新在经济发展中的战略作用；其次，在制度和政策体系上进行了多方面的改革，如科技体制改革、“863 计划”等；最后，初步确立了科学制度，国家自然科学基金委员会的成立就是明显的标志，通过政府公共资助大学、研究机构的科学研究，制度基本确立。

（二）第二阶段：试点推广阶段（1990~2005 年）

20 世纪 90 年代到 2005 年为我国产学研协同创新的全面协调发展阶段。1992 年，国家经贸委、教育部、中国科学院联合发起推出了“产学研联合开发工程”，旨在建立企业、大学、科研院所之间密切的交流合作制度，加速科研成果向生产力的转化，加快企业技术创新和高技术产业化的步伐，逐步形成产学研共同发展的运行机制，探索一条适合中国国情的科技与经济相结合的道路。为进一步加强对“产学研联合开发工程”的领导和协调，1994 年 6 月 27 日，国家经贸委、国家教育委员会（现教育部）、中国科学院、财政部等部门共同成立了产学研联合开发工程领导协调小组，这标志着产学研合作正式由民间进入了官方领域。在政府的引导下，企业与科研院所、高等院校积极运作、实施，通过专家咨询、技术转让、共建技术中心、共同研究开发、共办高科技实体等形式的产学研联合，逐步形成了优势互补、风险共担、利益共享、共同发展的产学研联合模式，有力地推动了经济、科技与教育体制的改革，促进了科技与经济的紧密结合。

（三）第三阶段：战略转型阶段（2005~2011 年）

2005~2011 年为我国产学研协同创新的战略转型阶段。2005 年开始，提高自主创新能力，建设创新型国家的伟大战略推动中国产学研协同创新进入了新的战略转型期。2006 年 12 月 28 日，科技部、财政部、教育部、国务院国资委、全国总工会和国家开发银行在科技部召开会议，成立了推进产学研结合工作协调指导小组，决定按照《国家中长期科学和技术发展规划纲要（2006—2020 年）》配套政策的要求，加强统筹协调，共同开创产学研结合工作的新局面。会议确定六部门共同推进产学研结合工作，明确指出要把建立以企业为主体、市场为导向、产学研深度融合的技术创新体系作为突破口，建立国家创新系统。2007 年 6 月 10 日，科技部、财政部、教育部等部委联合召开会议，正式启动产业技术创新战略联盟试点工作，目的在于创新产学研结合机制和模式，构建产业技术创新战略联盟。

（四）第四阶段：重点突破阶段（2011 年至今）

2012 年 12 月 15 日，习近平在中央经济工作会议上的讲话明确提出，创新的实质效果是优胜劣汰、破旧立新。我们要着力构建以企业为主体、市场为导向、产学研深度融合的技术创新体系，注重发挥企业家才能，加快科技创新，加强产品创新、品牌创新、产业组织创新、商业模式创新，增加有效供给，创造有效需求。2014 年 2 月 26 日，习近平在北京市考察工作结束时的讲话指出，要积极开展重大科技项目研发合作，支持企业同高等院校、科研院所跨区域共建一批产学研创新实体，共同打造创新发展战略高地。同年，习近平在上海考察时强调，要加大科技惠及民生的力度，推动科技创新同民生紧密结合。要探索建立高效协同的创新体系，加快科技体制改革的步伐，解决好“由谁来创新”“动力哪里来”“成果如何用”的三个基本问题，培育产学研结合、上中下游衔接、大中小企业协同的良好创新格局。

二、美国产学研协同创新可借鉴的经验

美国产学研协同创新的形成和完善与美国科技管理体制的发展一脉相承，值得学习。他们的创新发展大致可以分为四个阶段：一是 19 世纪早期产学研协同创新的萌芽阶段，自由竞争资本主义发展过程中政府很少涉及科技活动，大学、产业和政府的直接联系较少；二是第二次世界大战期间，由于战争的需要，美国建立了以军事为目的的科研体系，在政府的直接推动下，产学研协同创新得到了发展和加强；三是 20 世纪 70 年代，由于世界局势的变化，美国不得不对其科技政策进行调整，产学研协同创新走向成熟；四是 20 世纪 80 年代后，“冷战”结束后至今，世界格局发生重大变化，经济全球化和高技术的发展使得美国又对其科技政策进行了调整，各主体相互融合渗透，产学研进入繁荣阶段。

美国产学研协同创新的经验至少有以下三个方面：

一是产学研协同创新必须有健全的法律制度作保障。美国产学研协同创新的良好发展得益于完善的法律体制。美国的法律法规调整了产学研各

个主体之间的利益分配，明确了知识产权归属，弥补了产学合作双方之间的价值差异冲突。例如，1980 年颁布的《拜杜法案》及该法案的修正案《专利与商标修正案》主要明确了由联邦政府资助的项目的知识产权归属问题，调动了大学教师参与产学合作的积极性；1984 年颁布的《史蒂文森—威德勒技术创新法》，后来相继出台的《联邦技术转移法》《国家竞争力技术转移法》等，都促进了政府的研究机构向产业界开放；1992 年颁布的《小企业技术转移法》等，促进了中小企业和大学之间的合作。

二是产学研协同创新必须有政府政策的积极推动。政府政策主要包括两个方面，一方面是科研规划和科技计划，如 1998 年颁布的《开启未来：迈向新的国家科学政策》《走向全球：美国创新的新政策》等一系列的科研规划，制定的企业与科研机构联合体的计划《支持建立合作研究机构的计划》、中小企业与大学机构的合作计划等。另一方面是财税、融资和促进人员流动的政策，尤其是地方政府支持大学建立研究中心，并且为研究中心提供资金支持。

三是产学研协同创新必须有活跃的中介服务为桥梁。从政府层面来看，美国搭建了全国性的创新信息服务平台。例如，商务部成立的国家信息技术服务局，专门为大学、企业、研究机构提供信息服务，并且向社会提供综合的信息服务以及检索服务；还通过税收政策、导向型投资、建立孵化器等促进硅谷、128 公路等科技园建设创新网络。从大学、企业和社会层面来看，成立了各种类型的知识转移中介组织，全国性的行业协会、大学的技术转移组织、各种商业性的技术服务组织等，这些中介组织提供咨询评估、政策研究、风险投资等服务。

三、产学研协同创新制约因素

促进产学研合作的公共政策的制定需要考虑到当前阻碍和制约产学研合作的主要因素，围绕阻碍和制约因素设计出应对之策。只有找到并厘清制约产学研合作的主要因素，才能在有的放矢的基础上探索出有效促进产学研合作的公共政策。换言之，促进产学研合作的公共政策的制定需要从现实问题中寻找出发点。

总体上看，制约我国产学研协同创新的因素主要包括以下四个方面：一是产学研协同主体目标不一致，导致产学研协同创新的动力不足。企业的目标是市场实现利润最大化，而高校科研人员的目标则是多产出具有原创性的科技成果，努力争取使学术成果推动科学发展。二是企业和高校科研人员之间缺乏合适的风险分担与利益分配机制。三是在产学研合作过程中，由于中介失灵而产生的合作深化问题，科研成果转化率低。四是在产学研协同创新过程中，产学研协同创新融资渠道不畅。就目前的情况来看，产学研合作的经费来源主要是国家公共经费的支持，但是却难以满足产学研协同创新的需求。企业在成果转化的过程中，面对承担高风险的压力往往望而却步，希望政府或其他方面共担风险。但目前由政府、风投机构、企业和金融机构等共同构成的多元化投资体系还有待建立健全。

第二节　产学研深度融合面临的机遇

当前，在教育转型视野下我国产学研深度融合发展正面临政策、科技和时代等方面的重要机遇。产学研协同创新作为我国创新战略实施的重要支撑，在我国经济结构转型升级中占有重要的基础性地位。因此，只有紧紧把握当前产学研深度融合发展过程中面临的机遇，才能切实推进我国经济结构转型升级。

一、产学研深度融合发展面临的政策与环境机遇

（一）产学研深度融合发展面临的政策机遇

党的十九大报告明确指出，要建立以企业为主体、市场为导向、产学研深度融合的技术创新体系。党的十九大报告是我国全面建成小康社会关键时期提出的纲领性文件，对我国未来五年的经济社会发展具有重要的指导意义；报告提出的建立产学研用深度融合的技术创新体系的目标，必将对我国创新战略的实施和经济社会转型升级起到巨大的促进作用，为我国

产学研用深度融合发展提供了有利的政策机遇。

（二）产学研深度融合发展面临的环境机遇

产学研用融合发展的成果最终主要以知识产权的形式体现。知识产权保护意识在国际和国内都得到了进一步强化，为产学研用深度融合发展提供了良好的外部环境机遇。体现在以下两个方面：一是知识产权在世界大部分范围内都通过立法予以保障。随着国际竞争的加剧，世界范围内对知识产权的重视程度愈来愈高，大部分国家立法对知识产权予以保护，将知识产权定位为一种刚性权利。知识产权产生和保护的主体都是产学研用组织、知识产权作为产学研用组织的核心财富，必须进一步加大保护力度。产学研用组织的各类创新行为必须通过知识产权的形式予以固化，才能限制别人模仿，持续产生经济价值。二是国内机构和公民的知识产权意识不断强化。国内知识产权意识的形成经历了较长的过程，在一段时期内，高校、科研院所与国有企业间的技术转移通过行政指令划拨，技术资料按斤论价，仅收取工本费的现象大量存在，极大地削弱了科研机构技术研发的积极性。在产学研用合作创新体系中，不重视知识产权保护的危害极大。

二、产学研深度融合发展面临的平台与科技机遇

（一）产学研深度融合发展面临的平台机遇

近年来，我国经济总量不断增长。截至 2017 年末，我国国内生产总值超过 10 万亿美元，仅次于美国，位居世界第二。同时，我国世界 500 强企业在 2017 年已达 100 多家，数百项主要工业产品产量跃居世界首位。这些成绩的取得，一方面，为产学研用体系下各类大额科研成本的支出提供了基础；另一方面，为产学研用合作创新体系下科研成果的产业化应用提供了广阔的平台。

（二）产学研深度融合发展面临的科技机遇

近年来，世界范围内技术转移市场的繁荣，为我国产学研用体系深度

融合发展提供了重要的科技机遇。技术转移的繁荣对技术创新和产学研用成果的形成具有重要的促进作用。相关数据表明，IBM、通用、微软等世界知名的跨国企业，既是技术的重要卖方，也是技术的重要买方，每年用于技术转移的资金都在10亿美元以上。美国重要科技成果的50%、欧洲技术成果的2/3以上来自国外的技术转移。近年来，我国国内技术转移市场不断扩大，每年以15%左右的速度递增，截至2017年已超过1000亿元。

三、产学研深度融合发展面临的人才与时代机遇

（一）产学研用深度融合面临的人才机遇

市场容量增长对产学研用人才提出了更高需求。近年来，随着国民生产总值和人均可支配收入的快速增长，我国国内市场容量不断壮大，2017年社会消费品零售总额接近40万亿元。国内市场容量的持续增长对产学研用体系的合作创新能力提出了更高要求，专业从事科技创新的机构和人员持续增加。2011年以来，随着“刘易斯拐点”的到来，我国人口红利减退已成为不争的事实。但2007~2017年，我国累计培养了6000万大学生和450万研究生，人口素质不断提高，人员素质红利正在形成。我国社会发展正由人口红利向人才红利过渡，产学研用深度融合发展正面临重要的人才机遇。

（二）产学研深度融合面临的时代机遇

随着互联网时代的到来，世界范围内技术转移的频率不断加快，大型企业集团依靠某个单项技术领先的时间越来越短。为我国产学研用合作创新提供了跨越式发展的机遇和弯道超车的可能。随着知识经济时代的到来，创新对各类知识资源的需求的数量变大、质量变高，单纯靠产学研用等各类主体的自主知识积累，难以满足创新需求，大规模技术转移变得日益必要而迫切。国际大型跨国企业集团的核心技术日趋集成化，其核心技术相互交叉，使产学研用体系中各类主体的合作创新成为必然。

第三节 产学研深度融合的实现路径

在当前我国教育转型环境下，产学研用体系的深度融合发展正面临诸多机遇，也存在诸多挑战。因此，只有牢牢把握产学研用体系融合发展中面临的各类机遇，从建立运转流畅高效的技术转移机制入手，不断提高产学研用体系内各类主体对知识产权的获取和保护能力，同时加强产学研用体系融合发展的国际国内互动，才能进一步推动产学研用体系的融合发展进程。

一、建立产学研体系下运转流畅高效的技术转移机制

建立快速反应机制，加强各类主体间的协同。一是要建立产学研用对市场机遇的快速反应机制。首先，对市场机遇的快速反应，是产学研用体系中一切优秀个体的共同特征。其次，对产学研用体系而言，丢掉机遇就等于丢掉一切。由于技术转移不畅，科研成果产业化进程缓慢，坐等机会流失，而最后不得不从国外进行技术引进的现象屡见不鲜。二是必须进一步加强产学研用各个主体间的协同。产学研用不是高校、科研院所从一端引进技术，企业从另外一端就可以进行产业化，产生经济效益。产学研用是一个动态、交互的系统，需要科研机构与企业和市场进行频繁的多维互动，只有不断将用户需求和产业化方向反馈到研究端，才能不断推进产学研用体系的深度融合发展。

二、强化配套建设，提高法治化水平

一是必须强调科研与产业化水平的配套建设。产学研用合作创新体系下，相关科研成果的研究要具备一定的产业配套能力。之前诸多科研成果被束之高阁，无法快速实现产业化，很重要的一个原因就是国内企业对部分科研成果不具备相应的产业化配套能力。因此，在科研战略制定的初始

阶段，就必须把相关科研成果的产业化配套能力作为一个重要的指标。二是必须通过立法提高技术转移的法治化水平。产学研用合作创新的基础是技术转移，而技术转移往往通过技术转移合同进行。但由于当前技术转移领域立法相对滞后，现实中产学研用各类主体间签订的技术转移合同往往过于简单、粗糙，难以切实维护合同各方利益。因此，只有加强技术转移立法，才能为产学研用深度融合发展奠定基础。

三、提高产学研体系对知识产权的获取和保护能力

（一）提高核心技术获取能力

一是产学研用体系下的各类主体要善于运用市场、技术和法律手段确定知识产权研发的方向、途径和禁区。只有紧盯市场需求，才能为研发确定方向。只有取得技术突破，才能满足客户需求，进而占领市场。二是产学研用体系下的各类主体要善于运用技术转移手段形成自己的核心竞争力。产学研用体系的建立是为了整合创新资源，技术转移也是为了整合创新资源。利用技术转移手段形成核心竞争力，并在此基础上进行二次创新，是我国科技领域实现跨越式发展的重要方式。

（二）综合运用各种手段妥善进行知识产权保护

一是产学研用体系下的各类主体要提高运用知识产权保护法对核心技术进行保护的能力。在空间上，要在核心技术周围形成附属知识产权的保护带。在时间上，要组织精兵强将对核心知识产权进行不断开发，保持持续领先。在战略上，要尽可能限制相关竞争对手利用现有技术进行研发，对我们的核心技术形成威胁。二是产学研用体系下的各类主体要妥善处理好论文发表、知识产权保护和保守商业秘密之间的关系。一项创新发明成功以后，产学研用主体中的任何一方过早发表论文进行公布，都有可能面临尚未申请专利就被他人模仿的尴尬境地。由于申请发明专利要承担一定的风险和维护成本，还要面临他人在现有成果基础上进行二次开发的风险。因此，对于有条件的企业而言，选择以商业秘密方式保守科研创新成果也不失为一种选择。

四、加强产学研体系融合发展的国际国内互动

（一）产学研用体系下的各类主体要注重把握国际前沿技术，提高自身针对科研成果进行二次创新的能力

一是产学研用体系下的各类主体必须时刻关注和把握相关领域国际前沿科技、市场和知识产权保护动向，这是提高产学研用合作创新，促进产学研用体系深度融合发展的重要基础。二是产学研用体系下的各类主体要提升自身吸纳国际前沿科技成果进行二次创新的能力。科技的创新离不开技术转移和二次开发，要实现对国际先进技术的引进、吸收，产学研用体系下的各类主体必须大力提高自身对国际前沿科技成果的二次开发能力。

（二）吸纳国际人才，促进产学研用体系下的各类创新资源向企业集聚

一是为促进我国科技水平的提高和大国崛起战略的实施，我国产学研用合作创新体系必须大力吸纳国际创新人才。一方面，自主创新也是开放创新，闭门造车必将难以为继；另一方面，跨国公司参与我国自主创新，是推进其全球研发本土化的策略，并非为了支持我国的创新融合发展战略，但可以为我所用。二是产学研体系融合发展的主要目标是将各类科研力量向企业集聚，打造一批既具有超强研发能力，又具备相当产业化配套能力的企业集团。产学研用必须以企业为主体、以市场为导向，这是党的十九大报告对产学研融合发展提出的具体要求。主要原因在于，企业最靠近市场，各类科研力量向企业集聚，才能增加突破科研成果产业化难关的可能。唯有如此，才能切实发挥产学研用体系对我国创新战略实施的支撑作用，提高我国在相关领域的核心竞争力。总之，当前我国产学研体系的深度融合发展既拥有市场、人才和科技等方面的诸多机遇，也面临欧美国家对我国技术创新的遏制和我国产学研合作创新体系技术转移不畅等方面的挑战。因此，必须从建立产学研体系下各类主体间运转流畅高效的技术转移机制入手，不断提高产学研用体系下各类主体获取和保护知识产权的能力，同时注重加强产学研用体系融合发展的国际国内互动。唯有如此，才能切实推动教育转型背景下产学研用体系的进一步融合发展。

五、转变高校人才培养模式，促进产学研协同创新

就高校而言，协同创新的实现路径可划分为内部协同创新和外部协同创新两类。对于高校来说，内部协同创新的主体是高校本身，通过高校内部学科、人才、科研等诸要素之间的互动实现；外部协同创新通过高校与外部其他相关协同创新主体，如其他高校、政府、企业、科研院所之间的互动实现。

（一）内部协同创新

按照 2011 计划提出的以人才、学科、科研三位一体创新能力提升为核心任务的要求，高校应当围绕国家急需的战略性问题、科学技术尖端领域的前瞻性问题以及涉及国计民生的重大公益性问题，加强人才、学科、科研之间的互动，加强创新要素的有效聚集，提升学校创新实力。第一，人才是根本。人是生产力中最活跃的要素，创新型人才是协同创新的根本。高校应以领军人才为核心整合各类资源，努力建设研究方向稳定、优势互补、团结协作的跨学科创新团队。同时，创新人事管理制度，打破人事管理中固定编制、部门各自为政的限制，建立以任务为牵引的人员聘用方式，为创新团队的形成创造良好的条件；创新人员评价机制，形成以创新质量和贡献为导向的评价机制。此外，要加强高校的创新文化建设，积极营造自由开放、求实创新、容许失败、团结协作的创新环境与崇尚科学、求真务实、风清气正的学术氛围，积极打造高水平创新人才的精神家园。第二，学科是基础。协同创新必须以高校的学科建设为基础。高校应该瞄准重大科学问题和国家重大需求，以重大科技任务为牵引，结合学校发展战略，选择优势学科与特色学科，探索建立面向科学前沿、行业产业、区域发展以及文化传承等重大需求的协同创新中心。此外，当今许多重大科学发现都建立在跨领域、跨学科研究的基础之上，不少世界顶尖大学已把学科交叉与融合作为形成核心竞争力的要素。因此，高校应打破学科资源条块分割的障碍，优化以学科交叉融合为导向的资源配置方式，充分整合与共享现有资源，构建多学科交叉融合的大平台。第三，科研是支撑。作为学术的集中体现，科研是协同创新链条上的主线，要将人才、学科、资源等各

环节有机衔接起来，在协同创新中处于支撑地位。高校要打破以个人、单一学科为单位的科研组织模式，建立“瞄准国家需求、推进深度融合、加强资源共享、实现持续发展”的紧密型科研协同创新体系，通过顶层设计，实现由个人兴趣驱动向国家需求导向转变，由单学科分散研究向多学科协同攻关转变，由力量分散、各自为战向优势集群、整合联动转变，构建集约化的协同科研组织模式，逐步发展成为具有国际影响力的学术高地、行业产业共性技术的研发基地、区域创新发展的引领阵地和文化传承创新的主要阵地。

（二）外部协同创新

协同创新体现了系统的思想，高校是协同创新的主体，本身是一个系统，其开展协同创新有内部运行规律与实现路径。但该系统置身于更大的社会系统，需要与社会系统中的其他要素，包括其他高校、政府、企业以及科研院所等进行协同，实现更大范围内创新要素的聚集以及创新资源的无障碍流动，从而实现高校主导的协同创新价值增值。

1. 校校协同

高校在长期办学过程中逐渐形成了自身的办学特色与比较优势。但是，任何一所高校，即使是世界一流大学，也不可能在每一领域、每一学科都具有一流的实力。在高等教育领域竞争日益加剧的形势下，开展校际合作、实现资源共享，是高校谋求发展的必然选择。校校协同创新不应该等同于简单的科研合作，而应该是“你中有我，我中有你”，优势互补，形成“1+1> 2 ”的集聚效应。也就是说，要以国家重大需求为导向，充分整合合作高校的人才、资本、技术、信息等资源与要素，实现“协而不同”，打造特色，合作共赢。在校校协同过程中，各高校要认真考虑自身的特色与优势，考虑自身的能力边界与价值追求，考虑如何通过协同进一步强化自身特色与优势，从而保证校校协同深入、持久地开展下去。

2. 校政协同

从国家层面来看，国内一流大学应当瞄准国家重大需求，争取国家政策和资金方面的大力支持，积极申报国家级创新中心，形成一批在国际上有重大影响的成果，使学校真正发挥知识创新策源地、深化教育改革试验田、扩大开放桥头堡的作用。从区域层面来看，随着经济社会发展和产业转型与升级，各地政府纷纷出台政策，大力推进区域产业技术、文化建设等协同创新，高校特别是地方高校应积极争取地方政府的政策和资金支持，积极申报省级创新中心，在区域协同创新中发挥主体作用。

3. 校企协同

高校应构建产教融合、跨界创新的科研组织模式，充分整合校企双方的人才、资源、信息、技术等要素，构建跨组织科研平台，形成人才、学科、科研三位一体、协调发展的格局。在协同创新过程中，高校应明确在创新链上的定位与分工，主动与企业实现创新链上的无缝对接。高校虽然参与创新链的全过程，但其重点在于知识创新，要充分发挥其在基础研究、应用研究上的优势，在创新链上游为企业发展提供原动力；企业定位于创新链下游，应充分发挥其技术创新主体作用及市场敏感性，形成创新链上下游无缝对接、知识创新与技术创新交相辉映的格局，共同跨越科技成果转化的“无人区”。

4. 校所协同

高校应构建科教融合的科研组织模式，充分利用双方高端人才荟萃、基础研究实力雄厚等优势，以项目为集结，共同组建跨学科、跨领域学科团队，瞄准国家急需的战略性、前瞻性、公益性问题，开展联合攻关，产生标志性的理论研究与应用研究成果。校所协同能够对引进的技术或知识产权进行消化吸收再创新，形成自主知识产权或技术标准。校所协同瞄准区域支柱产业与战略性新兴产业的技术创新需求，通过创新要素的优化组合，服务地方经济和社会发展。

5. 国际协同

整合全球科技资源，搭建跨国、跨境的国际科技合作平台成为国与国之间合作的重要形式。高校应当具有全球视野，整合全球创新资源，开展国际合作。高校要与国外高水平高校、一流科研院所、高新技术企业建立广泛而密切的联系，以我国巨大的市场需求为依托，积极引进、消化、吸收国外先进技术，并进行再创新。要本着“不求所有，但求所用”的原则，柔性地引进与共享国外优秀的科技创新人才和创新资源，搭建高端的协同创新平台。要建立协同创新的信息化网络平台，克服时空障碍，加强沟通与交流，提升知识协同的自由度和即时性，提高国际协同创新的效率。高校应打破其内部以及外部的体制机制壁垒，促进人才、资源、信息、技术等创新要素在创新主体间的自由流动和在创新链上的有效聚集，努力实现高校科学研究、人才培养等工作由学科导向逐步向需求导向转变，组织管理从个体、封闭、分割方式向流动、开放、协同方式转变，创新要素从孤立、分散状态向汇聚、融合状态转变，提升高校核心竞争力。

加强科技成果转化与协同创新，化解高校大量的科研成果不能转化为产业化应用技术的尴尬困局，不仅需要政府配套完善的政策，也需要高校加速向创业型大学转型，让更多的研究课题来自于经济发展的实际需求，项目资助更多来自于企业，政府资助项目更多考核成果的转化和应用，推动更多的科研成果实现转化。尽管欧美大学变革的背景不同，基础迥异，创业型大学的形式不尽相同，但其呈现出的共性至少有三个方面：一是创业型大学的科研活动往往以现实为导向，课题常常以项目的形式出现，由不同学科部门互相协作完成；二是创业型大学不仅具备较强的知识创新能力，而且能够通过完善的技术转移机制，将有价值的成果转移到生产部门，由此形成多形式的产学研结合的运行机制；三是创业型大学的教师和学生对“知识成果转化或大学加强与企业的联系”都抱有普遍接受的态度，进而以一种更为积极的方式参与其中，最终形成大学中“学术和创业共存”的创业文化体系。

六、加快创业型大学建设与发展

在中国，大学传统意义上的任务是教书育人，培养高级人才。近年来，随着大学自主发展意识的增强，国内高等教育领域关于欧美创业型大学的研究逐步深化，创业型大学的后发优势以及强调产学结合的技术转移模式越加受到关注。欧美创业型大学发展的历史对当前中国推进创业型大学建设、促进产学研协同创新与科技成果转化的启示至少有以下四个方面：第一，鉴于中国大学绝大多数都不具备衍生公司和支撑产业的能力，我们需要继续加强研究型大学的基础建设，建立更多的知识创新平台，夯实大学科技成果转化的知识基础。第二，创业型大学的内部着力点在于培养创造性人才，发掘学生的创业潜质，外部着力点在于实现成果转化，促进社会的进步与发展。我们需要在加强创新创业教育的同时，适当改变目前单一以科研成果为主的评价制度，构建有利于实现科研成果转化的创业机制，理顺大学与政府、产业及各种创业相关机构的关系，建立良性互动的管理和服务体系，营造富有生机的创业文化，倡导创新创业，以创业带动学校的全面发展。通过有效整合运行，逐步使创业助推大学发展，促进科研成果转化为现实生产力。第三，建立健全创业型大学法人治理结构，保证创业型大学有足够的决策自主性和研究自由度。创业型大学是致力于应用研究并取得实效，通过向产业转化知识成果取得经济收益，同时对经济发展做出显著贡献的大学。中国创业型大学能否形成的关键在于政府能不能赋予学校实质上的自主权，以及学校在面对实质性自主权的时候是否有能力充分运用并谋求发展。而这些过程并非轻而易举能够实现，同样需要国家权力、学术权力和市场三方相互制衡与合作努力。第四，从某种意义而言，创业型大学代表未来高等教育发展的走向，谁先提出并建设创业型大学，谁就走在时代的前列。但是，如果所有的研究型大学都踏入追逐利益的洪流，这对国家民族将是一场灾难。因为大学只有保持与现实社会的适当距离，才能产生引领社会进步的思想和真理，而这正是研究型大学或者说一个民族顶尖大学的职责所在。

目前，在我国迅速发展壮大的高水平行业特色型大学，更具备转型为创业型大学的先天优势，在借鉴已有创业型大学改革与发展经验的基础上，这支生力军应是我国未来创业型大学发展的主体力量。

第五章 产业（企业）深度融入协同创新体系的实践探索

协同创新是科技创新的新趋势。在创新驱动经济发展的时代，协同创新作为整合创新资源、提高创新效率的一种重要的技术创新模式，成为科技创新活动的新趋势。协同创新不是简单的线性创新，而是由多个组织或部门参与的非线性创新。德国学者赫尔曼·哈肯认为，系统中各子系统的相互协调、合作或同步的联合作用及集体行为的结果将产生“1+1>2”的协同效应。相对于独立创新，协同创新追求的是一体化的深度协作，整合性和互动性是其显著特点。协同创新不是单纯做研发，重要的是技术的集成和资源的整合创新；协同创新的过程是一个多层次的动态互动过程。协同创新的主要形式是产学研协同创新，主要表现是拥有组织内部形成的知识分享机制、共同的目标以及现代信息技术构建的资源共享平台等，互相之间可以便捷地直接沟通，开展全方位交流和多样化合作。加强产学研协同创新，有利于突破创新主体间的壁垒，促进创新资源和创新要素的有效汇聚，充分释放资本、人才、技术、信息等创新要素的活力，从而实现产学研合作各方的深度融合发展。

第一节　企业是产学研融合创新的主体

从产学研合作到产学研深度融合，经过多年实践探索，融合创新取得了初步的成效，也积累了不少经验。但是，在产学研融合体系建设方面，高校和科研院所对产学研融合关注较多，相比之下，企业对融入创新体系普遍重视不够。究其原因，主要是我国的企业绝大多数还不具备主动融入的能力，企业融入创新体系的主动性、积极性没有得到激发，企业没有真正成为研究开发投入、技术创新活动、创新成果应用的主体，缺乏产学研合作的内在动力和主动权。

一、对企业创新主体的理解与界定

英国学者弗里曼指出，技术创新是企业对发明成果进行开发，最后通过销售而创造利润的过程。傅家骥认为，技术创新是企业家抓住市场的潜在盈利机会，以获取商业利益为目标，重新组织生产条件和要素，建立起效能更高、效率更高和费用更低的生产经营系统，从而推出新的产品、新的生产（工艺）方法，开辟新的市场，获得新的原材料或半成品供给来源或建立企业的新的组织，它是包括科技、组织、商业和金融等一系列活动的综合过程。技术创新作为人类的一项高级生产活动，不是一个纯粹属于科技范畴的概念，而是一个经济范畴的概念，其本质上是一种经济行为，其最终目的是实现创新成果的商业化和产业化，达到经济目的。因此，在市场经济环境中，技术创新必须由企业主导。企业与市场联系最紧密，最了解市场需求，最能准确把握技术创新的方向。企业要搞好技术创新，必须把研发、市场和生产三方面很好地协调和组织起来。

企业在协同创新过程中要真正成为创新的主体，必须集“四个主体”于一身：一是决策主体。在协同创新科研项目的立项、研发、生产过程中，企业要有重要的“话语权”。二是研究开发主体。企业要全程参与产品设计、技术路径选择、原材料使用、生产方式以及项目管理等各项环节，以保证最终实现产业化。三是成果应用主体。企业要成为技术创新成果的消化者、应用者和技术产业化的实践者。四是利益分配主体。企业是技术创新风险承担者，同时也是利益的最大享用者。如果协同创新形成产品、形成知识产权，企业可以申请专利进行保护。虽然企业是技术创新的主体，但并不意味着要独自开展技术创新全过程的所有工作，而是要以企业为中心，集合各种技术创新要素，实现企业和高校、科研院所的“优势叠加”。

高校和科研院所作为知识、技术的供给方，在技术创新中同样发挥着重要作用。而且，要保证企业的创新主体地位，需要各种社会制度的配套改革，特别是要发挥政府的引导和协调作用，解决技术创新可能出现的市场失灵的问题。

二、企业在产学研协同创新中发挥主导作用存在的主要问题及原因分析

（一）企业参与协同创新的内生动力不足，创新能力仍较薄弱

目前，多数企业的研发投入和研发团队不足，制约了其参与协同创新的积极性。从企业关键技术的自给率看，多数行业和企业缺乏核心技术，大部分设计和制造业需要依靠技术引进，关键技术的自给率低，对外技术依存度达 50% 以上。就企业产学研协同创新模式看，大多数企业尤其是中小企业由于创新能力不足，创新人才匮乏，只能采取由企业出资金，高校和科研院所出技术和人力，进行新产品开发和生产技术研发的模式。企业与大学、研究机构进行合作创新主要还停留在企业花钱买技术、买合作、买专利上，共建研发机构、创新联盟以及经济实体等紧密型的协同创新形式较少。

企业参与协同创新内生动力不足的原因主要有三个方面：一是对参与协同创新的认识不足，不少企业由于依靠现有的产品和技术就能取得不错的经济效益，有的依靠模仿的技术也能维持生计，因而失去了创新的动力。二是企业自身技术力量较弱，觉得难以与高水平的大学和科研单位协同，而采取“拿来主义”更加快捷，可以直接将科研成果送到生产线上，协同创新多体现为企业产品开发需求的解决，从而限制了协同创新模式的选择。三是目前企业的发展方式还处于要素驱动和效率驱动的发展阶段，整体没有进入内生增长、创新驱动的发展阶段，企业家在通过低成本要素投入和资本运作就能够获取较高利润时，承担较大失败风险去开展创新活动的动力不足。

（二）企业协同创新的决策主体作用没有得到充分发挥

企业要发挥好协同创新决策的主体作用，必须要依据市场需求变化和

企业发展战略，自主确定需合作研发的项目及进度、目标等。但目前的实际状况是：一方面，在协同创新项目的立项上，企业的“话语权”较弱，以企业为主体的国家科研生态系统还没有真正建立起来。真正由企业牵头确定研究方向的国家重大产学研协同创新项目较少，一些与产业发展密切相关的国家产学研协同创新项目名义上是企业牵头，但实际上研发方向和内容最终还是由高校和科研院所专家拍板，有些专家对产业技术的发展情况和企业实际需求的了解不深入，导致协同创新的研究成果与市场无法对接，与企业的技术创新需求无法对接，最终科研成果难以转化为生产力。另一方面，一些企业在行使协同创新决策主体的权力时，对产业技术创新的持续性认识不足，缺乏与高校、科研院所进行长期战略性合作的意识，多以临时性的组合争取政府项目、资金为目的，多数协同创新目标只针对短期内企业可能遇到的技术问题，对事关行业发展的共性技术、关键技术，往往重视不够，行为短期化、形式化明显。

企业协同创新的决策主体作用发挥不充分的原因主要有两个方面：一是协同创新过程缺乏有效的机制和制度保障，包括风险分担机制和利益共享机制；信用机制、责任机制、统筹协调机制；知识产权与成果保护机制、许可使用机制以及转化收益分配机制；评价机制和激励机制等。二是一些企业特别是国有企业的经营班子实行任期制，容易使企业在重大项目决策时产生短期行为，缺乏科技需求的内在动力和活力。

（三）企业协同创新的知识产权运用意识不强

协同创新与知识产权互为前提，共同促进。协同创新过程本质上是知识产权的应用和获得过程。知识产权制度能够从根本上激励和保护协同创新主体的积极性，所以企业须高度重视知识产权运用，把知识产权当作长期财富的积累，加大投资，从而谋划更长远的经济活动。但从目前中国企业知识产权运用看，情况并不理想，企业知识产权运用意识亟待加强。

企业协同创新的知识产权运用意识不强的原因主要有两个方面：一是知识产权的专属性、排他性与协同创新中的知识共享性、协同合作性存在矛盾；二是知识产权的地域性与协同创新合作的无地域性存在矛盾。由于设计链中的知识产权和协同创新是作为一对矛盾共同体而存在的，知识产权的作用机制直接影响着设计链创新系统能否高效、稳定运行。因此，如何降低知识产权的风险，缓解知识产权与协同创新的矛盾，变知识产权的约束机制为激励机制是亟待解决的问题。

（四）企业协同创新公共技术平台和服务体系有待进一步完善

企业协同创新不仅需要内部大量资源的投入，而且需要外部各类协作网络等资源的支持。特别是在“互联网＋”成为国家战略，大众创业、万众创新的时代，更需要构建开放、共享的公共服务平台。但就目前状况看，企业在与大学、研究机构、中介机构以及政府等合作的过程中，还没有构筑起长期、稳定、持久的合作关系，在资源共享、技术合作、信息沟通等方面还有许多工作要做。尽管很多省份也建成并投入运行了中小企业公共服务平台，但总体上看功能还不够齐全，服务项目尚显单一，提供信息服务有时不及时甚至缺乏准确性，产业发展相关数据信息得不到有效的获取和共享，科技评估、技术产权交易等业务服务能力有限，在服务方式上也缺乏新颖之处，运作机制比较僵化，专业化层次不高，集聚效应较差，促进产学研协同创新的作用尚未得到充分发挥。

企业协同创新公共技术平台和服务体系不够健全完善的主要原因有两个方面：一是对信息化公共技术平台和服务体系建设的认识不到位。很多企业满足于通过当地大型仪器设备的联动和管理提高设备的利用率和技术的互通性，而对信息化的公共服务平台缺乏足够重视。二是企业与创新链上的合作伙伴的协同创新模式较为松散，由于在各自发展方向和目标、企业文化等方面存在的差异，还没有真正建立起互惠互利、合作共赢的长期稳定的合作关系。

三、企业发挥主导作用的对策建议

企业作为创新活动的主体，承担着开发、转化、应用和推广的职能，需进一步明确和强化企业在产学研深度融合中的主体地位，从机制上推动其实现持续性的技术创新。企业也要主动贴近市场，准确把握科技发展趋势，提供有市场前景的产品和服务，提高创新的成功率和效益。

（一）切实提高企业技术创新的内生动力

一是使企业真正成为科技项目的实施主体。凡是市场导向明确的项目一律由企业牵头，从项目立项开始，就把企业的技术需求和高校、科研机构的创新攻关结合在一起，使市场需求的拉动力与科技创新的驱动力目标一致，协同推进。二是积极构建由企业主导、高校科研单位参与的产业技术创新战略联盟。围绕市场需求，针对企业及产业技术创新的关键问题，开展技术合作，降低企业独立研发投入的风险，使企业在科技创新活动中获得切实利益。三是在国家科技规划和重点科技项目立项、管理、评价过程中进一步发挥企业和企业家的作用，以企业为重点激活其他创新主体，挖掘产学研联盟的原动力。四是优化企业技术研发机构的结构模式，引导社会创新要素聚集到产业持续创新链条上来。国内外大量实例证明，研究开发、技术创新的效率与其组织形式显著相关。据统计，研发组织不善造成的资源大量浪费和机会丧失，损失往往为其研发投入的 20%~50%，要想提高研究与开发的效率与效益，必须先优化其结构。

（二）建立多元化的企业研发投入保障体系

一是建立各类产学研协同创新投资基金。借鉴美国、德国等发达国家推行的“匹配基金”“科学基金”，英国的“教育与工业或商业联合奖”“教育与企业合作奖”等基金资助产学研合作项目的做法，探索基金支持的新形式，建立多层次的保障体系。同时，探索政策支持与项目支持相结合、中央支持与地方支持相结合、财政资金后补助与企业和社会资金前期投入相结合的多种支持方式和渠道。二是制定普惠性财税鼓励政策。加快将国家对企业技术创新的投入方式由政府拨款择优支持转变为以普惠性财税政策为主的方式，统筹制定企业所得税加计扣除政策，使企业普遍享受到技术创新的“甜头”。同时，综合利用财税、金融、产业及人才等各方面的政策措施，完善和规范市场经济环境，进而加大企业研发投入力度和研发投入强度。三是发挥金融和资本市场对企业技术创新的支持作用。大力发展创业投资、风险补偿、知识产权质押融资、知识产权证券化等业务，运用市场化的手段为企业技术创新融资。四是建立促进国有企业创新的激励制度，重视对国有企业开展科研活动的评价与考核，破除制约国有企业技术人员创新热情的分配机制。

（三）不断提高企业知识产权的创造和运用能力

一是在企业推行《企业知识产权管理规范》国家标准，健全企业知识产权管理制度。企业知识产权战略的实施需要建立一个比较完整的工作体系支撑，有效的知识产权管理体系是知识产权战略顺利实施的基础和重要保障。企业需建立知识产权事务管理部门，配备知识产权事务管理的专业人员。二是加快企业知识产权战略规划的论证制定。尽快完成企业中长期知识产权战略规划，使未来一定时期的企业知识产权工作有据可依，有明确的战略目标，包括市场目标、技术改进目标、提高生产力目标、利润目标、人力资源目标、社会责任目标。通过这些目标的指向，企业的知识产权战略将渗入企业经营生产的方方面面，形成推动企业知识产权发展的合力。三是实施专利联盟与专利组合策略。最高层次的知识产权管理需要运用高水平的专利管理策略进行专利布局，形成高效的专利群，为后续的技术转移和商业化活动打下坚实基础。企业应实施专利联盟与专利组合策略，最大限度有效利用现有专利，实现专利的有效增值。例如，西班牙大学技术转移中心就采取了地毯式、包绕式专利布局和专利围墙等策略，通过组建专利群来实现对关键技术的有效保护。

（四）健全和完善企业技术创新的公共技术平台

一是加快培育面向战略性新兴产业的协同创新平台建设。依托已有国家级、省部级重点实验室和工程中心等高层次科技创新平台的优势，加强已有高层次科技创新平台依托行业、立足地方产学研合作的力度和深度，面向产业技术创新，建设国家层面支撑产业技术研发及产业化的综合性创新平台，加快协同创新成果转化、产业化。二是加快网上技术交易市场建设。运用移动电子商务、物联网等现代信息技术手段，建立技术供需、融资服务、知识产权、政策法规、中介服务、专业人才等基础数据平台，完善在线交流、展示洽谈等服务功能，构建数据标准、品牌标识、管理制度和服务规则相统一的网上交易平台。三是加强企业公共服务网络信息服务平台建设。当今经济全球化、信息网络化使企业所处的环境发生了变化，逐步形成了企业网络。企业要以技术创新为竞争的制高点，基于云计算和大数据管理技术，研究开发集产业技术创新信息公共服务、产学研开放互动合作、企业技术需求动态监测于一体的协同创新公共服务信息系统。

（五）切实转变政府服务产学研协同创新的职能

强化企业技术创新的主体地位，各级政府要采取切实有力的措施引导创新资源更多地向企业集聚。一是建立健全企业主导产业技术研发创新的体制机制，充分发挥企业在技术创新决策、研发投入和成果转化中的主体作用，以及在创新目标、资源配置、组织实施过程中的主导作用。二是不断加大对企业创新的支持力度，积极支持企业与高校、科研院所的联合创新，重点支持公共技术研发平台、中试基地和成果转化基地的建设。三是充分发挥国有企业的带头作用。要从战略上加大考核权重，使企业更加注重长期技术能力的培育，从而改变各种短视行为，加大技术研发投入，促进产品结构调整，增强企业的核心竞争力。四是支持中小企业发展。中小企业虽然具有创新的动力和活力，但科研人员不足、科研资金缺乏、技术不够雄厚等难题普遍存在，在引进和使用新技术、参与科研项目和自行开展技术研发方面普遍存在困难。需着力扶持中小企业做好产学研深度融合，解决中小企业科技人才短缺的问题，并为中小企业提供技术支持。

第二节　以企业为核心的产学研融合的主要模式

产学研融合的模式有很多，分类方法也有很多，多数分类以科研院所为核心。以企业作为技术创新的主体，以企业为核心，产学研合作模式按照与企业合作的紧密程度进行梳理和分类，主要有以下几类：企业拥有自主独立的研发机构；联合多方在企业共建研发平台；组建产学研战略联盟；搭建科技成果转化和孵化公共服务平台；在科研院所设立产业技术研究院。

一、企业拥有独立自主的研发机构

这种模式的特点是企业具有独立的研发能力，产学研合作多是从市场需求出发，以产业化重大项目为牵引，和科研院所合作，聚焦突破关键技术。以重大项目为依托，以企业为主导，利用企业在产品工程化、市场化方面的经验和高校、科研院所在学科、人才、试验平台等方面的基础优势，围绕关键技术组织联合攻关。例如，上汽集团与上海交通大学、同济大学等单位合作，开展新能源汽车关键技术研究，在燃料电池汽车、混合动力汽车和电机、电池、电控等关键零部件方面取得了一系列突破，推出了面向市场的产品；上海石化和复旦大学瞄准国家重大需求，合作攻关双轴拉伸聚丙烯（BOPP）等高档专用料，不仅取得了一系列基础理论突破，还开发出性能达到甚至超过国外同类产品水平的专用料，部分替代了同类进口产品，取得了良好的经济和社会效益。从效果来看，这一模式是比较成熟和理想的产学研合作模式。但现实情况是，多数企业并不具有独立的研发机构，更不用说自主独立的研发能力了。企业自主的研发能力建设将是当前和未来相当长时期的发展重点。

二、联合多方在企业共建研发平台

由企业与高等院校或科研院所在企业共建实验室、工程研究中心或研究院等研发平台，为产学研各方提供一个相对固定的交流平台，促进产学研各方人才、技术、信息的交流和融合。例如，宝钢集团先后与上海交通大学、东北大学、钢铁研究总院等 8 所院校开展了战略合作。这一模式的特点是在企业设立多方合作的研发平台，企业具有主导权，但科研院所有一定的决策参与权。

三、组建产学研战略联盟

以提升产业技术创新能力为目标，积极鼓励企业、高等院校、科研机构、用户组建产学研战略联盟，使产学研合作更具有战略性、长期性和稳定性。例如，2009 年起，由上海市核电办公室牵头组织，依托上海发电设备成套设计院、上海核工程研究设计院等 10 多家单位，以突破核级焊材国产化瓶颈为目标，组建了上海核电设备焊接材料国产化及创新平台，是一种政产学研用战略联盟的新尝试，该平台已经完成国家能源局 10 多个标准的制定，先后承接了 10 多项国家级和市级重大科研项目。这一模式的特点是政府或行业协会围绕产业的瓶颈问题而搭建产学研合作的平台，企业和科研院所具有相对平等的参与地位，但相对来说比较松散，需要有明确的合作任务或坚强有力的政府、协会支持。如果缺乏有效的激励机制和保障机制，这一模式长远来看并非十分有效。

四、搭建科技成果转化和孵化公共服务平台

充分发挥高等院校和科研院所专业学科优势和地方政府的资源优势，建立和完善科技创新服务体系，实现专业人才、市场、技术和信息等要素共享。例如，上海市杨浦区围绕建设国家创新型试点城区目标，将区内 7 个大学科学园、2 个区属高科技园和 6 个专业科技园区有机整合，推进风险投资机构、科技型中小企业集聚，打造创新成果孵化转化基地。这一模式往往在科研院所内部或附近设立公共服务平台，距离科研院所较近，是目前各地广受科研院所欢迎的模式。

五、在科研院所设立产业技术研究院

这一模式以培育和发展新兴产业为主旨，针对关键共性技术和重大创新成果进行重点培育，使技术优势与金融资本、产业基础更紧密结合，最终实现创新成果的市场化和规模化。目前，上海已有中科院与上海市合作建设的上海高等研究院、上海交通大学与闵行区合作共建的上海紫竹新兴产业技术研究院、中科院深圳先进技术研究院和嘉定区共建的上海嘉定先进技术与育成中心等形式的产业技术研究院，这些产学研合作的新模式正在不断结出硕果。这一模式主要提供产业关键共性技术，一般由科研院所来主导，更像科研机构的一部分。企业有技术需求，可以到这里来采购或

定制。

从市场规律和未来发展趋势来看，企业最好拥有独立的研发机构，自主组织开展项目攻关，这是完善市场经济条件下的理想形式。即使如此，企业也不可能全部自己来研发，仍有部分非核心技术通过其他形式来实现。从中国的现实来看，尽管近年来我国一直强调企业是技术创新的主体，但事实是科研能力仍主要集中在科研院所（包括研究型高校）。目前，各地比较热衷建立产业技术研究院，搭建科技成果转化和孵化公共服务平台。因此，多种形式的模式共存，可能是当前和今后我国产学研合作的现实局面。但我们必须清醒地看到，在中长期内，发挥产学研战略联盟和在企业设立联合研发平台是今后努力的方向。

第三节　构建企业主导的产学研协同创新机制

多要素协同创新成为提高企业创新能力和适应复杂生存环境的重要途径，而实现这一目标的最佳途径就是借助产学研合作机制，为企业发展提供长效保障。作为企业创新改革和战略的重点，该合作模式能改造旧产业、发展新产业，继而增强企业竞争实力和活力，为其发展创造多契机。然而，随着产学研协同创新机制的不断发展，其问题也逐渐凸显，面对这种情况，企业必须要采取有效措施对其进行深入研究，这样才能保证产学研协同创新机制的长效发展。

党的十九大报告中曾强调要积极构建产学研深度融合的创新体系，然而，仅靠企业、学校或研究机构中某一单独机构很难实现这一目标，只有将这三者有机融合起来，深度联合才能真正推动我国创新型国家建设，给国家经济发展、科技进步带来更多的助力。另外，在“互联网 +”的推动下，企业加快与高校、研究机构的合作，开展产学研协同创新，能为其发展开辟新的道路，带来新的机遇。

一、以企业为主导的产学研协同创新机制的价值

（一）丰富创新资源，提供后盾支持

在企业技术创新中，高校、研究机构、企业共同构成了创新产业链，而高校、研究机构则是创新链的源头，不仅能为企业提供更多的创新资源，还能为企业输送更多的科研人才和技术人才，为企业创新发展提供保障。2017年以来，全国各省份纷纷开展以产学研协同为主题的活动，举办洽谈大会，其目的就是吸引更多的技术人才，寻找创新支持后盾，给企业发展带来更多的活力。而这些努力也取得了不小的成果。通过产学研协同创新，不仅实现了需求双方的精准对接，而且形成了互相合作、相辅相成的生态链条，给企业、高校的发展带来更好的机遇。

（二）完善工作机制，解决校企问题

产学研协同创新机制的不断完善和发展，不仅解决了企业、学校面临的诸多问题，也为校企合作发展提供更多契机和活力。尤其是在建立专门的产学研协同机构、配备专职人员之后，更是推动了校企合作与交流，为其合作渠道顺畅保驾护航。同时，在产学研协同创新的推动下，学校科研成果与企业需求精准对接，既提高了资源利用效率，也给校企合作带来了更好的动力和便利。在“请进来，走出去”理念的推动下，企业与高校院所建立联合机制，并为校所建立信息档案，为合作奠定坚实基础。企业通过成立工作专班，调研收集三方信息，寻找合作机会，解决校企合作过程中遇到的难题。

（三）成果凸显，影响力不断扩大

近年来，企业纷纷采用产学研协同创新机制，通过各种手段辅助保障该活动的顺利开展。通过参加产学研协同活动，企业不仅在创新能力、活力等方面得到大幅度的提升，在合作模式方面也不断丰富、完善。活动期间，企业、高校、研究院所以及政府形成良性互动，取得“1+1>2”的成果，为当地经济的发展提供了更多的助力。

二、以企业为主导的产学研协同创新机制构建中存在的困境

（一）参与协同创新企业的认知水平存在差异

在现有的企业中，进行产学研协同合作的企业所占比例极低，大部分集中在高新技术企业、专精特新企业，这也导致在该发展模式中企业的主体地位得不到有效凸显。不仅如此，在科研投入方面，不少中小企业也是有心无力，对其重视度不高。部分传统老企业更是不认可产学研协同合作，对与科研院所合作带来的未知风险感到恐惧，因而过于谨慎小心，导致真正涉足该领域的企业极少。再加上部分企业只想找一些短平快的项目，不想长期合作、投资，因而难以调动高校、企业等对产学研协同合作的积极性，最终导致该机制构建受到阻碍。

（二）参与协同创新各主体的需求不同，对该机制构建的要求也不一样

高校的科研成果非常多，但能够转化成功的极少，这就意味着高校研究中，大部分都无法给企业带来经济回报。而企业对高校科研的投资目标就是获得经济回报、技术创新，实现盈利最大化。不一致的需求和目标也让企业与高校院所在产学研协同创新中经常产生分歧，最终导致协同创新项目失败。在标准确定方面，科研机构与企业的功能不同，造成科研投入不一。再者，很多企业难以接受周期长、风险大的科研投入合作，期望有短平快的合作项目，这也对产学研协同创新机制的构建产生了不利影响。

（三）各利益主体存在分配不均，影响合作关系

在校企合作中，各方都会因经费、产品利益分配、专利归属等方面产生分歧，导致产学研协同创新难以继续维系。对于高校科研所需费用，很多企业并不愿意投入过多，而高校则对企业想要“低投入、高回报”的做法感到不满，双方无法达成一致，自然就会产生矛盾，最终形成产学研协同创新的障碍，阻碍其发展。

（四）合作机制不完善，缺乏统一各方协调一致的机制

产学研协同中，三方虽然都希望推进这一机制的长效发展，但都以保护自家单位利益为前提。这样一来，在遇到利益分配问题时，三方很容易产生裂痕，导致协同受到影响，最终影响其发展，降低创新合作效率。不仅如此，三方对合作目标认同与否、无法有效配合、信息交流受限、监督不到位等都会导致产学研协同发挥失常，最终导致合作失败。

三、以企业为主导的产学研协同创新机制构建的路径

（一）建立完善平台机制，为其开展协同创新提供基础保障

为确保产学研协同创新的顺利开展，必须要健全平台机制，该机制包括三个方面，分别是动力、运行以及保障，只有这三个方面同时达到一致水准才有可能推动该机制的长效发展。在此期间，企业要系统设计、完善规章制度，对主体成员之间的权利、义务、利益以及分配机制等做好明确规定，消除各主体的合作顾虑，为合作平台机制的构建提供基础。另外，为提高产学研协同创新的知名度和各主体的积极性，企业要发挥平台的作用，构建学习型组织，并根据产业联盟发展的实际情况，规划好发展方向和方式，以知识化通道为媒介，加强知识共享和吸收，继而促进技术创新的积累和再创新。企业还要进一步完善公共服务体系，发挥其作用，整合国内外优质资源，建立实验基地、产品检测中心、生产力促进中心等，提高产学研协同合作平台的能力和水平。

（二）发挥政府作用，引导产学研合作发展

由于产学研协同主体在需求和利益方面存在一定的差异，要确保其和平共处，良性相处，必须要由政府做好引导和支持。政府出台相关政策，提高各主体对产学研协同创新的积极性，并加强资源共享和合作。在政府的支持下，强化企业主导地位，细化扶持政策，引导各主体共同参与协同创新。同时，以基建为契机，优化产学研协同创新环境和资源配置，坚持协同、融合、创新、共享等原则，推动基建智能化、产业高端化、公共服

务便利化发展，加强信息化建设，推动智慧城市建设，以“互联网+”为助力，促进企业发展。对于该机制发展效果方面，政府部门也要建立相应的监督和绩效评价体系，明确考核内容、评分标准、工作细则，保证项目管理的有效性。同时，加大财务透明化管理力度，落实各项任务，保证产学研协同创新的长效发展。

（三）以多元化融资模式推动产学研协同创新发展

企业要积极拓展融资模式和渠道，为创新技术和产品提供资金支持、设备支持，为技术攻关、开拓市场等提供保障。同时，整合现有产业资源、科技扶持政策，以行业引导者身份推动其他主体的参与和发展，为产学研协同创新的运营提供资金支持。另外，企业要根据政府引导，以资源共享、服务融资等原则建立互联网平台，通过线上线下服务结合的方式为产学研主体提供综合性服务，确保主体利益明确化。在资本运作方面，企业要坚持资本市场，以法务、财务以及资本等领域为服务媒介，与其他主体创建和平共处平台，根据主体平台运用状况、发展现状等，适当引入其他投资机构，确保资金需求不受影响。

（四）利用“互联网+”，提高信息化水准

现阶段的产学研协同创新发展对各主体信息化水平的要求远超从前，主体成员必须要确保自家单位在信息化水平方面的提升，否则很难实现产学研协同创新的有效融合和长效发展。但是，国内很多中小企业在信息化建设方面投入不足，水平也比较低，很难与高校、科研院所建立平等信息化沟通机制，无法确保产学研协同创新的有效进行。对此，政府要在加大互联网基建投入的前提下，对中小企业进行管理，促进其信息网络升级，提高其宽带接入能力。同时，以项目为切入点，以企业为主导，打造工业大数据、工业云平台、技术创新平台等，全面提升企业网络化、智能化、数字化水准，为企业信息化变革提供强有力的保障，让企业能更好地融入产学研协同合作。

（五）严格管理主体成员进退机制

为保证产学研协同创新机制的核心竞争力，政府和相关单位负责人要

共同发力，严格监督主体成员的选拔，对其进退机制进行严苛审核和管理，确保其发挥作用，避免其产生消极影响。对企业的考核要注重其财务、运营、文化、诚信、竞争力等方面的资质、优势、能力，对高校、科研院所的考核则以技术特色、团队、成果、效果等为重点，确保能综合判断高校、科研院所的实力和创新能力。主体成员之间也要加强互动、沟通，同时，根据市场需求、发展需要适当地引入新生力量，保证产学研协同创新的活力。

第四节　产业（企业）的实践
——基于产业技术研创园建设的探索

南京江北新区产业技术研创园（以下简称“研创园”）位于国家级南京江北新区核心区，背靠老山、面临长江，管理服务面积30平方千米，覆盖中国（江苏）自由贸易试验区南京片区7.6平方千米。园区紧邻国家级绿水湾湿地公园，自然环境怡人，交通优势明显，与南京主城无缝对接。具有国家级新区和自贸区“双区叠加”身份的研创园，承担着南京江北新区发展的重要使命，从一片滩涂和鱼塘到现代化、国际化城市，成为区域产业科技创新的策源地，吸引众多高科技企业聚集，不断集聚全球产学研协同创新资源，用“智造”推动产业转型升级，构筑起引领区域高质量发展的新兴产业新高地。

一、集聚区域科技产业项目优质资源，培植产学研协同创新发展热土

国家崛起的过程都伴随着产业变革。而当下中国经济发展速度趋缓，面临产业变革和迭代升级。因此，不管是出于支撑经济发展，还是追求核心技术自主可控，在国际竞争中掌握主动权，发展技术含量高的产业都是当下的主旋律。党的十七届六中全会发布的《关于深化文化体制改革推动社会主义文化大发展大繁荣若干重大问题的决定》指出，要鼓励和支持文

化科技企业同科研院所、高等院校联合建立研究开发机构，搭建产学研战略联盟。这一政策的提出为高等院校和企业之间实施产学研合作的模式提供了宏观的导向。产学研合作模式作为从科技研发到成果转化再到市场化的有效途径，经过多年的探索发展，已经取得了一定的成果，为中国的科学技术发展做出了重要贡献。

南京市政府积极落实并主动推进“两落地一融合”（科技成果项目落地、新型研发机构落地，校地融合发展）建设工作，成立了“两落地一融合”推进办公室，同时，配套制定、实施和落实了多项政策，鼓励科技成果转移转化。南京市江北新区作为国家级新区，承担着建设“两城一中心”（芯片之城、基因之城、新金融中心）的重要使命，在国家、省、市产学研落地方面做了许多工作：制定了多项具体政策推进产学研合作，包括江北新区《促进创新创业十条政策措施》《江北新区产业科技金融融合创新先导工程（“灵雀计划”）实施办法（试行）》《南京江北新区顶尖人才团队引进计划实施办法（试行）》《南京江北新区高新技术企业培育支持办法》等；促成江北新区范围内的高校全部落地新型研发机构；支持高校成立成果转化中心，举办各类活动，促进校企对接、融合发展。

作为江北新区核心区，研创园是打造“芯片之城”的重要阵地和窗口，担负着创新发展、引领示范的使命。在江北新区“三区一平台”的高位引领下，园区围绕“两城一中心”的产业规划，聚焦集成电路设计、智能制造研发、大数据云计算人工智能三大主导产业，集聚了ARM、Synopsys、中科芯、龙芯中科，以及下一代互联网国家工程中心南京创新中心、江苏省产业技术研究院、中德智能制造研究院等一批重点项目。园区拥有航天云测、集成电路产业服务中心、南京集萃智能制造公共技术服务平台、中国（南京）知识产权保护中心等多个公共服务和公共技术平台，并依托清华大学力合长江创新中心、猪八戒网双创孵化基地等十余个孵化器，建立“创业苗圃＋孵化器＋加速器”的接力式孵化与培育体系，为入园企业提供全生命周期的优质服务。

秉承“绿色、智慧、人文、宜居”的发展理念，研创园不断优化空间布局，完善城市功能及基础设施建设，为企业培育沃土，为产业厚植优势，吸引越来越多的企业入驻园区。截至2020年4月，研创园已有注册企业

11000余家，从业人员近10万人；其中，“芯片之城”关联企业近300家、高企315家、规模以上企业221家，培育独角兽企业7家、瞪羚企业21家，自主培育新三板上市企业20家。区域内高校资源丰富，汇聚南京大学金陵学院、东南大学成贤学院、南京工业大学、南京审计大学、南京信息工程大学等12所高校；落户的有江苏省产业技术研究院专业化研究所，包括智能制造技术研究所、膜材料技术研究所、高分子材料研究所等，以及中电科五十八所、五十五所、十四所等国内著名的集成电路领域的研究所，人才资源丰厚。

为了做好产学研一体化、一站式服务，为企业提供优质的工作、科研条件和设施，园区内投资搭建了18个公共服务平台及共享实验室，累计服务千余家企业。同时，为围绕“芯片之城”，园区还成立了南京集成电路产业服务中心（Nanjing IC Industry Service Center，ICisC），围绕集成电路产业集聚、企业发展和原创技术成果转化，通过市场化手段整合海内外职业化、专业化的资源，提供精准公共服务，建设了集成电路人才培养与服务平台、技术创新服务平台、公共技术服务平台以及系统应用平台四大特色服务平台。遵循政府引导建设、专业化管理、市场化服务的原则，打通政产学研通道，把握企业发展的痛点、难点和堵点，平台开展精细化和精准化服务，组织开展技术论坛、讲座，培养业内紧缺的集成电路设计类人才，围绕国家及区域集成电路产业发展人才需求，整合国内外顶级培训资源，已建成7000平方米的全国最大的集成电路人才培训基地，在集成电路设计、封测、制造、应用等领域通过线上、线下课程开展复合型、技能型、创业型人才培养，成功吸引了国内外产业界、学术界相关人士对南京江北新区和研创园的关注。

研创园计划在五年内投入20亿元用于产学研合作发展，目前已累计投入约7亿元，用于支持科技成果转化落地企业、科技成果转移转化机构、孵化器等的运营、研发，建设公共技术服务平台、集成电路服务中心，举办产学研合作交流活动等。

二、探索产学研合作有效路径，协同创新取得丰硕成果

通过多年的实践，研创园探索出三种促进产学研合作的有效方式和途

径：一是通过新型研发机构平台全方位辐射高校资源；二是借助孵化器、加速器等机构，引入更多校企合作资源；三是通过活动形式促进校企双方自主合作。

（一）通过新型研发机构平台全方位辐射高校资源

新型研发机构直接连接高校科研院所重点实验室，可以第一时间获取实验室的优秀科研成果，通过评估促进成果成功在园区内转化落地。新型研发机构设有专业创投基金，用于支持优质项目的发展；同时，配备了专业的创业指导和企业服务人员，助力落地项目健康、快速发展。

（二）借助孵化器、加速器等机构，引入更多校企合作资源

为加大招商引资力度，扩大招商队伍，园区引入了十余家孵化器和加速器。许多孵化器自身拥有丰富的高校资源和产学研合作经验，可直接将成熟的模式在园区复制。例如，南京工大科技产业园依托南京工业大学，在其支持下，众多在校师生、毕业生将在校科研成果在产业园内转化落地，取得了良好的效果。

（三）通过活动形式促进校企双方自主合作

校企之间常采取的形式有委托技术开发、合作技术开发、建立实训基地、共建实验室等。在技术领域上，包括芯片设计、集成电路、云计算、大数据、人工智能、膜材料、高分子材料、生命医学、3D 打印、智慧水务等。

截至 2019 年，研创园已开展产学研合作项目数量超过 800 项，通过产学研获得的专利数量超过 400 件，产学研合作项目给园区带来的收益占园区总收益的 30% 左右。其中，国家发改委立项的工程研究中心 1 家、江苏省发改委立项的工程研究中心 3 家、南京市发改委立项的工程研究中心 9 家。

通过多年的建设，研创园获得江苏省双创示范基地、江苏省创业投资集聚发展示范区、江苏省重大科技创新平台集成服务基地等荣誉，并曾先后获批国家火炬计划软件产业基地、国家软件出口创新基地、中国服务外包基地城市示范区等称号，以及十佳创业园区、中国软件园区最佳运营奖、

中国最具活力软件园、中国最具活力软件园及中国软件园区最具创新活力奖等奖项。

三、全方位走向企业化运作，去行政化打造产业活力新城

中国 EDA 创新中心在南京江北新区产业技术研创园落地，这一项目被集成电路业内评价：抓到了整个产业链的短板，将有力推动中国集成电路行业发展。这是江北新区建设“芯片之城”的里程碑，也展示出“芯片之城”建设主力军——研创园的硬核实力。

（一）打破行政流程，企业模式推动高效运作

研创园既是政府眼中的企业，又是企业眼中的政府，那么，究竟该如何定位自身？对于这道摆在诸多产业园区面前的考题，研创园给出了自己的答案：企业模式运作，服务理念由行政主导转变为市场主导。研创园倡导首问负责制和首签负责制。成立之初，研创园就采取管理办公室与平台运作公司合署办公的模式。2019 年底，研创园再次创新组织架构模式，推动全员进一步投身服务。管理办公室分 7 个职能部门，职能部门之下设立专业小组，形成“大部制 + 专业小组”架构，部门抓管理，小组抓服务。

（二）机制赋能，人的能量被大大激发

研创园招商团队定下“招商目标化、目标项目化、项目责任化、责任时序化、全程专业化”的要求，各个专业工作组下班不离岗、离岗不离责，团队人员主动学习集成电路、人工智能等产业知识，确保服务专业化。在人员管理上，通过淡化员额、企编管理差异，形成全员聚焦关键绩效指标，按月度、季度写实打分兑现的全员统一考核管理，多劳多得、少劳少得。

四、突出产业的源头创新，冲击行业的金字塔尖

以往，中国企业的创新大多集中在创新这座“金字塔”的底部，仅针

对现有产品结合市场需求进行“修补”，但处在底部的创新难度较低，收益也相对较低。为科技创新而生的南京江北新区产业技术研创园从一开始就选择了一条难走的路——突出产业的源头创新，冲击行业的金字塔尖，让创新策源地的内涵更丰满。

（一）抢先一步，向技术制高点冲击

谁有网络谁就有更多的话语权，中国是一个网络大国，正在向网络强国迈进，IPv6 的技术迭代给我们带来了全新的机会。2019 年 4 月，下一代互联网国家工程中心联合 IPv6 产业联盟在研创园发布《2018—2019 全球 IPv6 支持度白皮书》，同时启动江北新区纯 IPv6 示范区建设。纯 IPv6 示范区建设启动的背后，是 2018 年 11 月下一代互联网国家工程中心南京创新中心落户研创园。创新中心建立后，江北新区内电信运营商的基础网络全网升级支持 IPv6。随着示范区的启动，超级算力中心、IPv6 大数据中心（含离岸数据外包服务）、IPv6 互联网交换中心等一批项目建设将持续加速。示范区也将创建 IPv6 网络能力覆盖全面、支撑业务丰富、流程完整的下一代互联网络，支撑 5G、移动互联网、工业互联网、区块链、大数据、人工智能等新兴业态的快速发展。示范区还计划通过产业生态的打造，孵化和催生新技术、新业态，吸引国际互联网高端人才入驻，促进网络应用的进一步繁荣创新，共同培育下一代互联网战略性新兴产业，为江北新区占据下一代互联网产业高地、打造新型智慧主城区提供有力支撑。

（二）“大 IP”云集，IC 设计产业链羽翼渐丰

集成电路产业是衡量一个国家工业技术高度的重要标志，被誉为“工业产值的倍增器”。在江北新区“芯片之城”的布局中，研创园定位是集成电路设计及综合应用基地，这也是集成电路产业链的前端和价值链的最高端。研创园已经集聚了新思科技、创意电子、紫光展锐、中科芯、中科院计算所南京创新中心等一批行业龙头企业。新思科技是全球排名第一的芯片自动化设计解决方案提供商、全球排名第一的芯片接口 IP 供应商，同时也是信息安全和软件质量的全球领导者。作为半导体、人工智能、汽车电子及软件安全等产业的核心技术驱动者，新思科技的技术一直深刻影响并

推动着包括移动计算、智能汽车、物联网、人工智能、云计算和信息安全在内的科技创新和应用。

（三）实验室经济引领下的全新创新体系

产业发展的关键是核心技术，建设新型研发机构，搭建实验平台，架起专家和企业的沟通桥梁，实验室经济引发的“蝶变效应”正在显现，研创园已有22个新型研发机构通过备案。拥抱实验室经济的不仅是关注技术创新的新型研发机构，还有希望掌握核心技术的小微企业。2017年入驻园区的南京云岸信息科技有限公司的三位合伙人就在园区的一间办公室里开启了自己的创业生涯，并在当年将该公司营业额做到400万元。

（四）为园区企业知识产权维权援助提供支撑

创新的成果来之不易，如何守住这些创业者的心血，也是科技创新领域的一个永恒话题。目前，研创园引进了中国（南京）知识产权保护中心、江北新区仲裁院、南京公证处江北分处、“我的麦田”知识产权互联网公共服务平台等一批公共服务机构。2019年4月，华讯国际知识产权与涉外法律服务平台的建立，又为园区企业科技创新成果的保护上了一份“国际保险”。作为江苏省第一个真正意义上的国际知识产权与涉外法律服务平台，其通过国际知名律师事务所与知识产权服务机构实际落户服务平台，形成高端知识产权技术服务、法律服务等综合性服务集聚区，同时，引入国际知名律师事务所海外资源，为国际先进技术引进、科技成果和项目落地提供服务，为高校、企业及研发机构深入开展国际知识产权合作及涉外知识产权维权援助提供支撑。

五、深化创新产学研合作机制，建成具有全球影响力的产业创新中心

持续深化、创新产学研合作机制是研创园及园内企业不断发展壮大、培育孵化高科技企业的重要基石。未来研创园将在中国产学研合作促进会的指导下，继续探索创新产学研合作的方式方法，引领产学研合作机制创

新改革，充分发挥政府平台在产学研工作上的引导和示范作用，进一步在产学研合作上，把工作做细致、做扎实，出亮点、出新意、出成绩。

（一）持续引进优质高校、科研院所资源，促进新产品、新技术落地

目前，仍有许多优秀的科研成果在高校沉寂，研创园要加强和国内外高校院所的合作，集聚全国甚至全球的优秀科研成果，并促进评估落地。

（二）不断孵化引进高科技企业，引导企业和高校更多合作

高科技企业是园区赖以发展的基石，研创园要不断孵化、引进符合产业主导方向的高科技企业，尤其是在行业内有引领示范作用的龙头企业，通过上下游招商等方式，形成集成电路、人工智能、大数据、云计算的集聚区，把研创园打造成在集成电路领域具有全国影响力的园区。只有高科技企业不断聚集，才能不断推动产学研合作发展创新。

（三）建立产学研合作平台，简化校企对接流程，提高对接效率

研创园虽有新型研发机构等众多技术转移转化平台，但新型研发机构的平台仍存在局限性，大多限制于1~2所高校，服务于平台孵化落地的企业，没有办法提供对外公共服务功能。因此，研创园急需建立一个支持国内外各个高校、科研和所有企业直接交流的统一平台，从源头上疏通校企对接的障碍。

（四）创新产学研合作机制，尝试建立成果转化、园区、公共平台、科技金融深度融合的新型政产学研合作模式

产学研合作目前还面临一些困境，例如，中小企业虽有需求，却面临难以对接高校资源、预算资金不足等种种问题；高校、科研院所虽有意向将科研成果进行市场转化，但苦于缺乏启动资金，企业管理和市场运作经验不足。研创园在未来计划打通院校和企业之间的壁垒：首先，实现校企面对面交流，谈需求、谋合作。其次，引入各类金融创投和风投机构，进行项目评估。以江北新区各类产业基金投资股权或债券对优质项目进行鼓

励，盘活资金链；对平台或机构孵化的项目，建议平台和机构投资入股。园区将不断集聚全球创新资源，营造最优创新生态，完善产学研协同创新机制，进一步聚焦主导产业，努力打造具有全球影响力的产业创新中心和国际一流的对外开放合作平台。

第六章

高校深度融入产学研协同创新体系的实践探索

2021年4月19日，习近平在清华大学考察时的讲话指出，一流大学是基础研究的主力军和重大科技突破的策源地，要完善以健康学术生态为基础、以有效学术治理为保障、以产生一流学术成果和培养一流人才为目标的大学创新体系，勇于攻克“卡脖子”的关键核心技术，加强产学研深度融合，促进科技成果转化。

创新驱动发展战略，要求高校在产学研协同创新过程中注重以科技创新为核心，坚持需求导向和产业化方向，推进科技协同攻关，将创新优势转变为发展优势。当前我国高校产学研协同创新的主要障碍在于：协同创新伙伴匹配度不高，难以形成最大化的协同绩效；相关政策法规操作性不足，难以推进产学研深度融合；科技成果转化速度慢，难以迅速形成产业优势；缺乏有效的信息共享平台，影响协同合作的广度与深度；人事管理制度僵化，不利于人才的横向流动。在创新驱动发展战略背景下，优化产学研协同创新机制的有效路径主要有：构建协同创新伙伴匹配评价机制，大力提升协同合作绩效；增强相关政策法规的可操作性，深入推进产学研相互融合；创新科技成果转化模式，迅速形成产业优势；大力创建产学研互联网服务平台，深入推进产学研协同创新；完善人事管理机制，构建灵活多样的聘用机制。

第一节　高校在产学研协同创新中的困境与障碍

改革开放40多年来，我国的经济和社会事业都取得了骄人的成就，科技发展水平也得到了整体的提升。然而，与发达国家相比，我国科技创新总体水平还有较大差距，科技对经济增长的贡献程度还不高。如果不紧跟全球科技发展的步伐，就会在国际竞争中失去主动权。为此，《国家中长期科学和技术发展规划纲要（2006— 2020年）》提出了大力提升自主创新能力，建设创新型国家，在21世纪中叶成为世界科技强国的发展目标。因此，党的十八大提出了创新驱动发展战略，并将其作为提升综合国力的战略支撑。习近平强调，实施创新驱动发展战略，就是要推动以科技创新为核心的全面创新……形成新的增长动力源泉，推动经济持续健康发展。《国务院关于印发“十三五”国家科技创新规划的通知》也提出了深入实施创新驱动发展战略，把握科技创新发展新态势。实施创新驱动发展战略，一方面，要聚焦重大科学和关键技术问题，需要发挥高校学科和科技创新优势；另一方面，要坚持市场化和产业化的发展方向，增强创新产品的核心竞争力。因此，高校产学研协同创新是整合各方优势，实现高校科技创新和企业深度融合，提高自主创新能力的必由之路。当前，中国正处于经济发展转型和结构调整的关键阶段，实施创新驱动发展战略需要打造由高校、企业、政府共同参与，以实现科技创新和成果转化为目标的产学研协同创新平台，以深度合作的方式来解决科技发展难题。虽然《关于实施高等学校创新能力提升计划的意见》（“2011计划”）提出，鼓励高等学校同行业企业、科研机构建立战略联盟，开展深度合作，实现资源共享，对推进产学研协同创新起到了重要的推动作用。然而，受各种因素的影响，我国产学研协同创新仍然存在一些问题。例如，在产学研科技成果转化与产业化方面，科技成果转化率不到20%，产业化率不到5%，而发达国家技术转移率高达40%~50%。高校产学研协同创新伙伴错配，相关政策法规操作性不强，信息共享平台缺乏，科技成果转化不畅以及“交钥匙”“短平快”的合作模式难以发挥产学研协同创新的效果。因此，在创新驱动发展战略背景下，要深入分析我国高校产学研协同创新面临的阻滞因素，并从机制层面提出优化产学研协同创新的有效对策。

习近平在党的十九大报告中指出，创新是引领发展的第一动力，是建设现代化经济体系的战略支撑；要深化科技体制改革，建立以企业为主体、市场为导向、产学研深度融合的技术创新体系，促进科技成果转化，为我国加快建设创新型国家指明了战略路径和发展方向。协同创新是新时代我国创新事业发展的重要形式，是一项复杂的创新组织方式，关键是形成以大学、企业、研究机构为核心要素，创新资源和要素有效汇聚，通过突破创新主体间的壁垒，把原本碎片化分布于产学研各端的发展要素和创新力量系统融通，形成创新共同体。有研究者认为，推进产学研用协同育人，必须努力实现体制机制、合作模式、创新人才培养三大突破，通过一系列法律制度的安排，规范和约束合作行为，界定各类合作主体的职责和权益。从融入与对接国家创新发展战略的现实出发，从高校产学研协同创新合作模式的现实困境入手，对比国内外大学产学研协同创新的具体做法，借鉴推广国外大学协同创新的国际经验，寻找高校产学研协同创新的育人路径，推动产教融合迈向新高度。

一、高校在产学研深度融合中的困境

（一）理念困境

高校对产学研协同创新的重视程度亟待提高。我国高校仍将主要精力和经费投入人才培养和科学研究这两大方面，这本来是高校的职责所在，但问题是高校对社会服务和文化传承创新方面的相关工作重视不够。高校教师除了教学任务以外，还要应对各种考核指标，导致高校师生参与产学研协同创新、主动服务社会的积极性不高。更有一些高校片面地将产学研合作模式理解为校企共建，作为毕业生顺利实习就业的一种有效途径。因此，高校的产学研仍处于浅层次的理论层面，而在大学生实践与创新能力的培养方面则较为缺乏。

（二）机制困境

高校产学研协同创新机制尚不完善，各方难以协同。参与协同创新的主体多而杂，缺乏领袖，进而陷入“小马拉大车”式的困境，造成协同过程举步维艰。关键是众口难调，不同的利益诉求也会造成大家不想协同。大学追求科研成果的产出，企业寻求经济效益的提升，政府需要GDP的增长，这都造成了协同创新过程中的现实困难。

（三）转化困境

政产学研之间存在产业链、创新链和人才培养链的融合鸿沟，由于缺乏科技成果投入技术市场的综合服务体系、知识成果法规保护体系以及成熟、高效、规范的转化平台，当前源自高校的科技成果转化率和产业化率较低，大量创新成果躺在实验室研究终端，或仅仅陈列于各类奖项申报、学术评价、专利申请、成果鉴定等环节。

二、高校在产学研深度融合中的障碍

虽然高校产学研协同创新能够实现科技优势与生产优势的有效聚合、科学研究与市场需求的深度融合和科技创新与人才培养的双赢。然而，在现实运行过程中，受各种因素的影响，当前高校产学研协同创新尚存在一定的阻滞因素，影响其功能的有效发挥。

（一）协同创新伙伴匹配度不高，难以形成最大化的协同绩效

高校产学研协同主体主要有高校、企业、科研院所和政府，其中，高校和科研院所拥有人才和科学技术方面的优势，企业拥有市场预测和项目开发方面的优势，政府拥有政策资源和战略调控方面的优势。三个主体本应利用各自的资源优势，进行强强联合，从而发挥资源整合效应，以达到“整体功能大于部分之和”的目标。但在现实过程中，产学研主体在进行协同合作时，往往只是“两情相悦”而非“门当户对”，协同创新伙伴匹配度不高。甚至一些协同创新联合体为了争取资源，进行临时组合。相关调查

显示，伙伴匹配性的三个重要维度指标即文化相容性、目标协同性和创新资源（能力）互补性，对协同创新的合作绩效具有明显的正向作用。如果错配产学研协同创新合作伙伴，就会在目标、理论和文化上产生分歧，不利于新知识的创造和共享，从而对协同创新的效果产生重要影响。可见，选择适合的、正确的协同合作伙伴，对高校产学研协同创新绩效的提升意义重大。

（二）政策法规不完善，可操作性不足，难以有效推进产学研深度融合

2006年以来，国务院、教育部、科技部、财政部、国家发改委等部门出台了涉及推进产学研协同创新的多部政策法规，其名称主要为规划、办法、意见、公告和通知等。这些政策的出台为我国高校产学研协同创新的深入推进发挥了一定的作用。但这些政策法规的操作性较差，难以推进产学研的深度融合。例如，在产学研协同创新的财政、税收和金融政策支持层面，无论是《国家中长期科学和技术发展规划纲要（2006— 2020年）》《关于实施高等学校创新能力提升计划的意见》，还是《国务院关于印发“十三五”国家科技创新规划的通知》等政策，都提出了财税金融政策支持，但如何支持、资助力度的大小、如何贯彻落实则没有具体的实施意见；《国家中长期科学和技术发展规划纲要（2006—2020年）》和《中华人民共和国促进科技成果转化法》等政策法律提到了要完善知识产权归属及收益分配机制，但没有对产学研协同创新的知识产权归属、收益分配、风险分担等方面进行明确的说明和界定，这极容易导致协同创新主体间的利益失衡和矛盾分歧，影响协同创新的深入推进。

（三）科技成果转化速度慢，难以迅速形成产业优势

科技是提高综合国力的推进器，是经济增长的发动机。因此，加速科技成果转化，快速推进科技成果产业化已经成为世界各国的科技发展共识。推进科技成果转化需要高校、政府、企业和研发机构之间进行协同合作与创新，构建高科技成果快速转化通道。然而，在现实操作过程中，高校往往强调科研成果导向，重视科研成果的学术价值，看重论文发表、专利获

取、科研获奖等，但对于科技成果转化为经济生产力缺乏有效的动力，无法迎合产业发展和消费者的需求。据统计，我国每年受理专利申请 90 多万件，获得专利授权 16 万多件，连续四年居全球之首。可令人遗憾的是，专利转化率却平均不足 20%；产业化率更低，不到 5%。这与西方发达国家的科技成果转化率相去甚远。造成这种现象的原因有多个方面，其中一个重要的原因在于高校内部管理体制机制的阻碍，高校对于科技成果转化的积极性不高，高校二级单位在人、财、物等方面缺乏一定的自主权，其在产学研中的主体地位和积极性没有调动起来，难以形成适应市场化需求的科技成果转化模式。

（四）缺乏有效的信息共享平台，影响协同合作的广度与深度

产学研协同创新需要打破区域、部门和体制的限制，突破系统、学科和行业的壁垒，促进创新要素的有效汇聚，构建科技资源的共享机制。高校产学研协同创新需要引导技术、成果、人才等创新资源的聚集，共同发挥“聚合效应”。这就需要利用互联网技术来构建具有产学研协同创新科技服务、协同大数据、技术交流交易等功能的互联网服务平台，从而获得协同合作所需要的市场需求信息、创新资讯信息和科技服务信息。协同创新互联网服务平台能够深入推进产学研合作主体的对接与交流，实现科技成果的快速转化，推进产学研协同合作不断向纵深化发展，助力创新驱动发展战略的实施。然而，当前除了北京、上海、江苏、广东等发达省份探索创建了各种类型互联网产学研合作服务平台之外，其他省份还没有真正建成产学研协同信息共享平台，这必然会影响产学研协同创新的广度与深度。

（五）产教融合中企业积极性不高，难以实现可持续合作

2017 年国务院办公厅出台的《关于深化产教融合的若干意见》提出，加快实体经济、人力资源、科技创新、现代金融协同发展的产业体系，促进产业需求侧和人才培养供给侧要素全方位融合。可见，产教融合在某种程度上是国家协同创新战略的升级版。产教融合对于实现人才链与产业链的深度对接，构建高校、政府、企业、行业等主体协同创新一体化格局具

有重要的现实意义。然而，在产教融合的推进过程中，企业积极性不高，合作难以持续。具体表现为：企业对于产品与项目的开发与合作以及核心技术产业化的兴趣较高，而对于技术创新平台和实验室的资金投入缺乏动力；企业热衷于利用高校资源来培养高素质的员工，而对于为高校提供实习平台缺乏兴趣；企业喜欢利用高校的学生资源充当廉价的劳动力，以解决“用工贵”和“用工难”问题，而对于与高校合作共建生产性实训基地持迟疑的态度；企业热衷于推进产业转型升级和驱动产业结构优化，而对于参加高校的教学设计、课程设置、专业规划等工作缺乏积极性。正是基于上述种种原因，企业在产教融合过程中缺乏参与的动力，难以实现可持续合作。

（六）人事管理制度僵化，不利于人才的横向流动

产学研协同创新过程中，人才资源是第一位的。人才优势不仅体现在人才的质量和数量方面，其作用的发挥还取决于人事管理制度的合理性与科学性。长期以来，我国高校人事管理制度在编制管理、人员聘用、岗位管理、科研考核等方面比较死板和僵化，特别是对教师的教学和科研工作量有严格的规定。如果教师因为协同创新工作需要长时间离开工作岗位，不管其从事的工作对国家的科技创新有多么重大的意义，如果没有按时完成单位所规定的教学和科研工作量，就会在年终考核和职称评定方面受到影响。这种“肥水不流外人田”的人事管理理念严重束缚了高校之间的人才流动，阻碍了产学研协同创新中人才的横向合作。因此，需要打破高校之间的僵化的人事管理制度壁垒，为产学研协同创新打开绿色通道，保障人才的合理流动，促进横向协同合作。

（七）创新型人才培养模式尚未形成

在我国经济发展转型的背景下，市场对创新型人才的需求越来越迫切。在过去较长一段时间，高校是社会人才的主要摇篮和来源，但社会真正需要的人才和高校培育的人才存在出入，学生在分析和处理具体问题方面的能力较弱。大学和社会在相关行业、专业方面的发展没有形成协同育人的优秀人才培养体系。然而，仅仅依靠高校培养的创新型人才存在明显不足，

需要高校、企业、政府协同合作，培养创新型人才。若要全面提高人才创新能力，保持社会所需人才与高校培养人才的同步，企业、科研院所等社会主体也应积极参与高校人才培育，形成多主体参与的育才工作。

（八）高校的教学与科研发展不平衡

课程教学和科学研究是高校的两大基本职责，课堂是培养学生理论知识的主要场所，通过课程教学学生可以学会基本的创新知识，提高自主创新意识，形成创新精神。科学研究则是学生深入了解和探究某一课题的重要途径，与课程教学同样重要。在实际教学中普遍存在一个错误，即不少高校以课程教学为人才培养的主要手段，未能做好课程教学内容的选择工作，教学内容与实践联系较小，影响着人才的发展。目前，自主创新课程内容与社会科技发展总趋势和总体水平的匹配度并不高，在选择课程内容时并未与时代发展特点做好衔接，未将创新人才培养作为课程目标，科学研究工作能力和科研素质不足，创业创新工作能力不足。创新型人才培养的问题也是高校人才培养中普遍存在的问题，影响着人才输出，为改变这一现状，推动创新型人才培养工作的展开，必须以不断完善人才培养体制为出发点，把科学研究同课堂教学有机地结合起来，充分发挥课堂教学和科研的协同作用，培养更多的优秀人才。

（九）高校创新文化培育动力不足

由于长期受应试教育的影响，高校缺乏自主创新的学习氛围，学生科学知识较为匮乏，创新思维能力处于较低水平，影响了高校创新文化建设工作与整体进程。为顺利完成人才培养任务，高校应重视自主创新学习氛围的建设，采用创客文化课程内容、创客社区论坛、创客型文化专题讲座、创新文化栏目、创新文化展示会等形式，为学生营造一个良好的创新文化氛围，发挥周围环境对人的影响作用，让学生在潜移默化中提升创新文化涵养，体会创新的趣味，激发其进行自主创新的欲望，在不断学习中逐步掌握创新基本理论和科学知识。

第二节　中外高校产学研协同创新模式对比分析

我国高校产学研协同创新模式不论在内容还是形式上都有许多不足之处。一些发达国家知名高校的产学研协同创新模式起步早、发展快，各方面都已经形成了比较成熟的机制体制。“硅谷模式”“特色小镇模式”等输出和构建了校企合作、协同创新的发展范式。

一、国外高校产学研协同创新模式

（一）美国高校产学研协同创新模式

美国高校产学研合作起步早、发展快，经历了从无到有、从小到大的发展过程，即从一开始的高等院校与企业的完全分开与独立，再到这两个系统之间的合作，最后发展到目前高等院校和企业的融合的状态。关于大学产学研合作的国际范例，可以以美国“硅谷模式”为样板。硅谷建立了高校创新孵化园和创新企业集群，形成了独特的协同创新联盟。

（二）德国高校产学研协同创新模式

德国的产学研协同创新虽出现得较晚，但是却独具本国特色。起源于职业技术教育的双元制教育（以理论知识为基础，以应用为目的，教学活动在企业与高校交替进行，双方共同培养应用型人才），堪称德国高校产学研合作模式的典范。主要表现在更偏重于培养学生的综合与实践操作能力，高校与企业合力探索职业型高技能专业人才的培养模式。这种模式的形成要归功于完善的立法保障、国家的适度干预，以及跨国界、跨区域、跨学科的校研机构的长效深度合作。

（三）英国高校产学研协同创新模式

英国剑桥大学于 19 世纪推行了以“高校 + 企业”为核心的协同创新

视角下高校产学研合作模式的探索与实践。英国高校产学研协同创新模式主要有三种类型，分别是教学公司模式、沃里克模式和剑桥科学公园模式。英国高校产学研协同创新模式的优势体现在政府的高度重视、完备的扶持政策的出台，以及大量经费的投入，支持高校的产学研协同创新。

二、我国高校产学研协同创新模式

近年来，国家经济的转型发展促使高校从供给侧进行科技成果研究和孵化机制的改革，我国高校参与产学研协同创新的意识越来越强，许多高校积极寻求与区域经济社会发展之间的交集，深化知识和技术的结盟发展。尽管产学研协同模式还不够体系化，不够成熟，但也在探索中形成了高校与科研机构和企业组建共担风险的技术经济组织的方式，这种方式的特点是合作各方依靠契约和经济利益的纽带联系起来，共同投资（包括技术作价入股），合同期内共同经营、共担风险、共享利润。

三、高校产学研协同创新的国际经验借鉴

对比国内外高校产学研合作教育的做法和案例，对我国大学与企业协同创新有一定的借鉴意义。一是政府应加大对产学研合作的扶持力度。除了加大政府的资金投入和政策扶持以外，政府的舆论引导、体制机制的完善、信息平台的管理、基础设施的建设等对产学研合作教育的稳定发展都有着重要的促进作用。二是高校应充分发挥人才优势，推动产学研合作和科技成果转化。高校应该打破传统观念，深入企业，整合校企资源，凝聚各方力量，结合学校发展现状，逐步建立适应产学研合作教育要求的教育教学体系，进行全方位、深层次的产学研合作。三是企业应发挥在产学研合作中的主体作用。企业要改变过去与高校“点对点”合作的模式，建立以企业为主体、市场为导向的产学研联盟，企业要适时地参与高校和科研机构的科研活动。双方在促进产学研合作方面实现共赢、共荣。

第三节 产学研协同创新对高校的新要求

创新驱动发展战略的实施，对于全面提升中国的科技创新能力，转变经济发展方式意义重大。作为科技创新的重要主体之一的高校在会集人才、整合知识、创新科技等方面发挥着重要的作用。在创新驱动发展战略背景下，高校产学研协同创新必须注重以科技创新为核心，坚持需求导向和产业化方向，实现科技创新协同主体的有效聚合，将创新优势转变为发展优势。

一、坚持以科技创新为核心，体现国家战略意图

创新驱动发展战略虽然涉及的创新领域是全面的，但科技创新是根本、是核心。我国过去经济发展长期以要素成本、资源消耗等为驱动力，本质上是一种粗放型的发展方式。而当今世界的经济发展潮流必然会从劳动密集型技术向信息型技术和智能型技术快速转型。如今，面对全球正在兴起的新一轮产业变革与科技革命，各国纷纷制定新的创新战略，加强对专利、人才等战略资源的争夺。未来谁能在科技创新方面领先一步，谁就能掌握国际竞争的主动权。当前，我国科技创新正处于从点的突破向系统能力提升、从量的积累向质的飞跃的重要时期。高校产学研协同创新必须坚持以科技创新为核心，大力推动跨领域、多学科的前沿基础研究，体现全面提升自主创新能力这一国家战略意图。

二、坚持需求导向和产业化方向，实现科技与经济深度融合

创新驱动发展战略要求坚持以市场为导向、以需求为牵引、以补齐产业结构短板、追求中高端价值链为目标，实现科技创新与产品创新、市场创新、企业创新、品牌创新的有机结合，实现科技成果同国家战略需要、市场和人民需求的有机结合。习近平指出，要积极主动整合和利用好全球创新资源，从我国现实需求、发展需求出发……要准确把握重点领域科技

发展的战略机遇，选准关系全局和长远发展的战略必争领域和优先方向，通过高效合理配置，深入推进协同创新和开放创新。为此，应发挥高校产学研协同创新平台的引领作用，坚持产业化的发展方向和市场化的需求导向，瞄准国际科技发展尖端领域，大力开展系统性、前瞻性和应用性项目研究，使高校的科技优势能够与经济发展实现无缝对接，从而使协同创新的优势资源转化为发展驱动力和核心竞争力。

三、实现创新主体互动，加速科技成果转化

当今世界，科技竞争日益加剧，科研成果转化周期日益缩短，如果科研成果未在有效时期内转化为经济生产力，就会失去其应有的价值。创新驱动发展战略要求科学研究不能一味地专注于发论文、写报告、做实验、获专利，而应实现与关键技术的开发相结合，使科研成果能够在尽可能短的周期内转化为现实的生产力，从而推进经济社会的发展。长期以来，我国一直存在着科技成果转变不畅，经济和科研容易形成“两张皮”的弊端。为此，习近平指出，科技成果只有同国家需要、人民要求、市场需求相结合，完成从科学研究、实验开发、推广应用的三级跳，才能真正实现创新价值、实现创新驱动发展。高校产学研协同创新应实现高校、企业、政府等主体间的有效互动，让高校了解企业的需求，政府出台政策引导，实现科研成果的快速转化。

四、坚持产学研协同共进，培养创新拔尖人才

实施创新驱动发展战略，必须要积极调动人才、机构、资金、设备等要素，构建强大的科技创新合力。这就需要创新体制机制，促进高校、企业、政府之间的深度合作，形成产学研协同共进的效果。另外，实施创新驱动发展战略的关键在于培养创新拔尖人才。习近平指出，创新驱动实质上是人才驱动。为了加快形成一支规模宏大、富有创新精神、敢于承担风险的创新型人才队伍，要重点在用好、吸引、培养上下功夫。因此，我们在高校产学研协同创新过程中，必须围绕国家战略需求、产业发展需求，

把人才培养工作融入协同创新的全过程，融入科学研究和教学实践的各方面，从而不断地壮大科研队伍和培养科技创新的接班人。与此同时，高校产学研协同创新还应创新人才激励机制，制定相关措施，激发科技创新的动力，集聚创新要素，培养高层次的拔尖、领军人才。

第四节　高校融入产学研协同创新体系的路径

创新驱动发展战略是党中央根据当前我国自主创新能力不足的现实提出的重要战略举措，而大力推进高校产学研协同创新，是这一战略的重要实现形式。面对当前高校产学研协同创新面临的一些现实问题和影响因素，我们必须要优化协同创新机制，推进高校产学研协同创新工作，全面提高我国科技创新能力。

一、构建协同创新第三方评估机构，大力提升协同合作绩效

为了发挥高校产学研协同创新主体各自的资源优势，推进协同主体的深度合作，发挥资源整合效应，应坚持以“门当户对”的原则来选择适合的和正确的合作伙伴。为此，应改变协同评估工作委托科技部科技评估中心进行协同创新评估的方式，应构建由教育部推进的协同创新第三方评估平台，对拟进入产学研协同创新伙伴的匹配度进行预评估。预评估之前应设计科学有效的评价指标体系，并从伙伴异质性、资源能力、地理距离、制度差异、文化差异、关系网络等维度对产学研潜在协同主体进行全面客观的考察和评价，分析主体间的协同合作匹配度，在此基础上选择正确的合作伙伴，从而为协同合作绩效的提升奠定坚实的基础。与此同时，也应依托第三方评估机构定期从体制机制改革成效、人才培养情况、考核指标完成度、贡献与影响、创新能力与协同增效、学科与团队建设、资金使用与管理等方面对现有的协同创新平台的运行效果进行系统的评估，作为协同创新中心存续的重要依据。

二、增强相关政策法规的可操作性，深入推进产学研协同

政府要制定和完善关于产学研协同合作的政策法规，增强政策法规的可操作性。首先，要制定产学研协同创新的知识产权法律法规，完善协同创新的知识产权归属和收益分配制度，从而保障产学研合作主体的权益。其次，要制定科学有效的利益评价标准。产学研协同创新主体所投入的资源可分为资金类（资金、厂房、生产设备等）和技术类（科技人员、专利、工艺流程、管理能力等），在对这两类资源的贡献率进行科学合理的评价时，应用层次分析法等对两类资源的贡献指标进行赋权，从而求得协同合作各方的贡献率，确定各方收益的大小。再次，要进一步细化财税、金融支持政策，对支持、资助力度的大小、程序步骤进行详细的规定，为推进产学研协同创新提供良好的环境。最后，政府应该从政策层面进行具体设计，促进产学研协同创新组织与风险投资机构、银行等部门实现有效联合，从而共同分担风险。另外，政府应鼓励成立第三方中介机构，指导产学研协同创新各主体学习风险投资方面的知识，从而提升风险管理水平。

三、创新科技成果转化模式，迅速形成产业优势

实现经济与科技的深度对接，促进科技成果的快速转化是实现创新驱动发展战略的内在要求。针对当前我国高校产学研协同创新过程中存在的科技成果转化较慢的现实问题，除了加强科技成果转化平台建设外，还需要推进高校管理体制改革，赋予高校二级单位人、财、物等自主权，由二级单位牵头成立产学研联盟、股份制公司、研究院、技术转让中心等机构，并与协同合作的企业共同签订成果转化协议，并探索建立“学院＋公司”“科技平台＋公司”“学科＋公司”“研究院＋公司”“技术转让中心＋公司”等科技成果转化模式。将成果转化的自主权交到高校科研人员的手中，鼓励科技成果、技术服务和资金入股，从而切实调动高校科研人员科技成果转化的积极性。此外，还要改革高校的科研管理体制。打破过去重基础轻应用、重数量轻质量的惯性思维，积极引导教师参加产学研协同创新科技成果转化工作。将教师在协同创新过程中为企业提供技术服务、咨询、转

化等工作纳入科研考评体系当中，并与职称评定、年终绩效考核挂钩，从而鼓励教师投入到科技成果转化中。

四、大力创建产学研互联网服务平台，深入推进产学研协同创新

产学研资源的合理配置与协同联动离不开先进的信息辅助平台。当前的大数据、云计算技术可以在战略需求、市场前沿、人才信息、技术资源、成果流动等方面，为高校与企业、政府之间的协同合作提供产学研线上合作意向对接服务、数据推送服务、技术平台服务、即时通信服务、在线咨询服务等。通过网络信息平台来实现产学研三者的协同联动，促进创新要素的流动与整合，减少资源的重复、浪费和分割，共享技术资源和科技成果，通过信息化的公共服务平台来实现产学研三方的技术协同、任务协同与组织协同。因此，政府应积极会同科技部门、教育部门、财政部门等创建产学研互联网服务平台，积极提供资金、技术等方面的支持，发动高校、科研院所、企业参与其中，让其真正成为集产学研对接、技术成果转化、线上线下交流、科技信息查询、市场需求信息检索、权威成果发布等为一体的智能服务平台。

五、实现产教融合机制创新，增强企业的参与动力

鉴于企业与高校之间有着各自的利益与行为逻辑，在推进两者融合的过程中，应充分考虑双方的利益，构建良好的合作机制。一是推进高校与企业利益的选择性耦合。在科研研发与成果转化方面，鼓励高校与企业利用产业投资基金，共建成果转化基地与技术实验室；实现人才的订单式培养，推动企业招工与学校招生相衔接。二是强化企业参与产教融合的政策激励机制。在对一些有责任感的龙头企业进行有效甄别的基础上，细化落实对其的“金融＋财政＋土地＋信用”的政策激励，鼓励其投入资本、管理、技术等要素进行产教融合。三是完善校企合作绩效评价机制。为了对高校与企业的深度融合创新良好的条件，企业应完善校企内部绩效评价体

系，将产教融合工作与职位提升、评先评优和绩效奖励挂钩。高校也应完善科研考评体系，将产教融合中的科技成果转化、技术咨询和服务等与年终绩效考评和职称评定挂钩。四是培养教育奉献情怀，强化社会责任意识。从本质上，市场逻辑是为高校逻辑服务的。政府可以通过各种媒体平台来宣传企业奉献教育的责任与公益情怀，树立企业培育回馈教育的价值观，鼓励企业以合资、独资等形式参与产教融合，服务产业升级，培育优秀人才，推动经济发展。

六、完善人事管理机制，构建灵活多样的聘用形式

改革过去僵化落后的单一性、分割化、固守性的人事管理理念，构建适应产学研协同创新需要的开放性、竞争性和效益性的人事管理理念。高校产学研协同创新需要加强多个高校之间的人才横向合作，而高校之间僵化的人事管理制度壁垒，难以为产学研协同创新提供绿色通道。因此，需要改革教师聘用制度，采取灵活多样的人事聘用形式来推进人才的横向流动。为此，要探索专项聘用、人才租用、双职聘用、人才借用相结合的灵活聘用方式。其中，专项聘用由聘请单位支付薪酬，来聘请外单位人才从事短期内连续性较强的工作；人才租用是在人事关系不变动的情况下，由聘请单位与人才单位签订租用合同；双职聘用实行的是两套人事关系，执行双薪制，人事关系保留在原单位；人才借用由借用单位发放一定的补贴，工资关系与人事档案仍保留在原单位。上述人才聘用形式最大的特点在于：做到人员流动不调动，人事档案关系、组织关系、研究成果归属原则上在原单位不变动。因此，只有建立灵活多样的人才聘用制度，才能够为高校产学研协同创新扫除人才横向流动的体制障碍，为协同创新组织的有效运转提供有力的保障。

七、打造良好的校内外产学研协同育人环境

环境对人才培养的影响力是巨大的，所以高校需要对校内外众多优秀资源进行整合，构建校园内外合作平台、科技成果转化服务平台，以全面

扩大创新型人才培养的途径与规模，提升人才培养效果。建立科技成果转化联盟，借助社会各界力量，充分发挥社会组织的优势，推动校方与其他社会组织之间互通有无，促进高校教研进一步发展。其中，科技成果转化服务平台既可以是实践服务平台（各类科技成果转化室），也可以是虚拟服务平台，通过多层面的互动交流培养创新型人才。第一，构建一个技术资源共享体系与平台，在各院系之间展开合作，共享研究成果和科技成果。第二，在高校内成立一个专业化的服务平台，校方、社会各界组织、研究部门以及当地政府展开合作，共同助力创新型人才培育工作，兼顾理论知识教学与实践能力培养工作，培育社会真正需要的全面创新型人才。除此之外，高校和有关部门可建立国际之间的合作。诚心邀请国内外相关专家和学者参与高校的创新型人才培养计划，培养出社会需要的、具有前瞻性和时代特色的创新型人才。建立良好的科研与教学协同的创新型人才培养环境，科研与课堂教学各有优势，高校应把握两者的关系，将先进的教学方法、科学研究方法与思想应用于课堂教学，丰富教学资源。

提高高校办学水平和质量是培养创新型人才的有效途径和必然趋势，高校应整合现有优势学科基本建设资源，建立交叉式创新教育科学研究机构，开展创新教育，以培养创新型人才。同时，设立创新教育技术课程，丰富学生的理论知识，培养学生更为全面的创新能力，提高学生综合素质与水平，实现学科间学术研究成果与教育资源的双向共享。以创新教育研究为基础，促进不同学科间互相合作，为培养学术人才、创新型人才创造适合的环境，为学科的交叉、协调提供自由空间。

推进创新创业教育的深度融合。首先，高校要革新创新创业教育理念，建立更符合实际需要的创新创业教育模式，例如，开展创新创业实践活动；开展创新创业知识普及活动；邀请创新创业前辈分享经验。其次，要根据本校人才的特点，有针对性地将教育体系和理念与人才培养体系相融合，为学生设立创新创业实践目标，让学生在实践过程中真正了解创新创业教育的含义，从而加深学生对创新创业的认识，促使学生更进一步投入创新创业工作中。最后，要尊重各个专业和课程的差异性，有针对性地开展教育指导活动，这样不但能丰富课堂教学内容，还有助于激发学生的学习动力和实践积极性，推动创新创业教育的革新进程。

第五节　高校的实践

——基于地方高校融入产学研协同创新体系的探索

2012年，教育部发布了《关于全面提高高等教育质量的若干意见》，要求高校注重质量提升，坚持内涵式发展，强化特色，注重创新。而高校要提升创新能力，就必须经由协同创新的途径实现。随着创新日益成为经济社会发展的主要驱动力，知识创新成为提升国家竞争力的核心要素。在这种大背景下，各国为掌握国际竞争的主动性，纷纷把深度开发人力资源、实现创新驱动发展作为战略首选。

一、地方高校参与协同创新的内涵及意义

协同创新是指不同主体为实现共同愿景而相互合作，组成资源共享网络，实现优势互补，创造出新价值或新成果，实现单个主体难以得到的效益。具体到高校而言，协同创新是指在国家经济社会发展需求导向下，高校结合自身实际，与其他高校、科研院所、企事业单位、政府等不同主体合作，围绕国家战略发展需求，以及相关行业的技术攻关、研发等重大问题，通过协作联动实现创新性突破。人才培养、科学研究、社会服务、文化传承是新时期高校重要的历史使命，是高校独特的功能所在，也是其参与协同创新的优势。在我国2000多所高校中，地方高校占90%以上，是全面提高高等教育质量的重要依靠。在“2011计划”及“双一流”建设的时代背景下，地方高校积极参与协同创新，具有重要的现实意义。

（一）地方高校参与协同创新是彰显其社会价值的重要前提

高校不仅是研究高深学问的机构，更是促进社会发展的“动力站”。回顾高校职能的历史演变过程，可以发现高校职能的拓展与社会经济、科技发展水平紧密相关，反过来也影响着社会的发展。从功能论的角度看，高校之所以能在当今社会发挥日益重要的作用，是因为高校作为知识创新的

源头，能有效推动科技进步，对经济社会发展有重要影响。而集聚智力资源的优势，决定了高校在进行科学研究和人才培养方面有着独特优势。在当前经济社会发展日益依赖科技进步的情况下，服务社会既是高校彰显社会价值，实现自身持续发展的内在需要，也是提高我国高等教育整体发展水平的基础，更是促进经济社会发展，实现中国梦的主要推动力。

（二）地方高校参与协同创新是促进区域发展的关键路径

积极参与协同创新，并发挥主体作用是时代赋予高等教育的历史使命。随着国家创新驱动战略的实施，供给侧结构性改革和产业转型升级对以创新为核心的支撑性要素的需求逐步增加，高等教育日益走向社会的中心，高校与经济社会互动的态势日益增强，地方高校的角色定位正逐步转向服务和支撑引领同步，作为促进区域可持续发展的生力军，其定位的立足点应该是与区域经济发展相适应，准确把握其办学功能和使命，紧密结合区域产业结构的需求，加快学科调整和建设步伐，以资源共享为基础，以合作攻关、优势互补为抓手，积极推动构建产学研协同创新系统，担当创新生力军的角色，实现知识的增值，加快科技成果向现实生产力的转化，服务区域发展。

（三）地方高校参与协同创新是助力其融入“双一流”建设的突破点

创新驱动已成为推动我国经济社会深化改革的重要引擎，高校作为国家创新战略体系的重要组成部分，在当前国家布局“双一流”建设战略的过程中，理应抓住机遇。“双一流”建设是我国推进高等教育强国战略的重要步骤，地方高校在“双一流”建设中大有可为。打破身份壁垒，实行动态绩效评价的建设原则，破除了原来沿袭的高校身份固化的格局，为所有高校提供了“同台竞技”的机会。尤其是“一流学科”建设，为地方高校探索差别化发展策略提供了契机。地方高校只有扎根所在区域，深化教育教学改革，将建设“一流学科”的目标同推动地方经济社会发展相结合，立足优势特色学科建设，积极拓展应用学科，搭建“校—企—区”合作平台，加大跨校、跨行业创新主体之间的联合，发挥“集群效应”，才能在

“双一流”建设中实现办学水平的突破。

二、地方高校融入产学研协同创新体系的模式

地方高校不仅是区域知识创新的中心，也是科技网络的重要联结点。不同于部属高校，地方高校具有鲜明的地域特征。在长期办学的过程中，地方高校具有办在地方、管在地方、服务地方的办学特点，其呈现的地方性、大众性、多样化特征，决定了它是区域创新体系不可或缺的要素。但由于地方高校发展历史、资源条件的不同，存在着学科基础薄弱、整体水平偏低等问题。如何根据自身优势和特点，密切结合地域的实际需要，通过开展产学研协同创新来服务区域发展，成为地方高校改革发展中亟待破解的重要课题。

（一）增强科技创新力，服务地方经济建设

地方高校与区域经济发展存在共生关系，地方高校的科技创新能力直接关系着区域的经济结构和发展形态。在某种意义上，地方高校的创新能力已成为地方经济竞争力的“标尺”。作为创新主体，地方高校在提供发展动力、促进区域产业结构优化等方面发挥着重要作用。提高科技创新能力是推进协同创新的关键，决定着协同创新开展的深度。当前跨学科的知识生产模式，使得科学研究逐步走向“集群化”，演变成为一种松散联合、问题聚焦、多主体参与的集体性协作。增强地方高校的原始创新能力，加强与其他创新主体的合作，已成为大科学时代的发展趋势。研究表明，跨校科研合作网络比校内合作网络对大学声誉和创新能力具有更积极的影响。地方高校要瞄准国家战略规划和区域经济社会发展中亟待解决的问题，开展应用型科研及技术创新，力争成为区域科技创新的中心；要发挥自身的学科优势，充分挖掘现有资源，构筑立体型学科矩阵，发挥学科群的协同效应。在科研定位上，要以面向地方，开展应用研究，推进技术、方法创新为导向，承担科研横向项目，以项目建设为纽带，主动与地方政府、企业联手，促进产学研结合，加快科研成果转化，在服务与贡献中获得自身发展。

（二）注重办学特色，创新人才培养模式

高校人才培养是一个需要多主体协同合作的系统工程，只有产学研多方形成合力，才能构建相对完善的教育生态链。地方高校由于受到区域经济发展水平与自身发展历程等因素制约，生源质量、师资水平、科研平台和经费投入等都与部属院校存在较大差距。但地方高校立足地方、依托地方，能更及时地把握地方发展的需求向度，因而地方性是地方高校的办学方向和关键特征，也是其摆脱同质化，实现特色发展的基础，故地方高校改革和发展的主体思路应该强调地方性。地方高校人才培养的重点是为本地区经济建设、科技进步和社会发展服务，其人才培养的目标应根据区域经济社会发展对人才的要求来确立。在学科布局上，应紧贴应用导向，使学科专业衔接地方产业布局；在人才培养规格上，坚持供需对接，积极探索合作育人模式，以培养学生的实践能力和综合能力为重点，充分利用学校与企业、科研单位等不同的育人环境及各主体的优势，搭建多元化的教育平台，实现学校教育与科研、社会生产实践的协同配合。

（三）重视智库建设，当好地方政府的参谋

作为知识的保管、传承与创造者，地方高校是区域高层次人才的主要聚集场所，是地方社会发展的智力中心和新思想的源泉，也是先进文化的主要示范者和关键推动者，在推进区域科技创新体系构建与治理能力现代化进程中发挥着关键性作用，甚至可以说是区域发展的思想库与智囊团。地方高校尤其是省属高水平大学，应发挥自身的人才和科技密集优势，积极融入区域创新体系，发挥服务社会、引领社会的功能，提高文化的辐射力。在我国全面建设小康社会的伟大进程中，地方还会出现许多社会难题，迫切需要高校发挥智库作用，围绕社会发展和行业企业发展面临的问题，加强基础性、战略性、前瞻性问题研究，主动开展咨询论证、科技服务等工作，构建创新主体间矩阵式的交流管理模式，增强多元创新主体间的合作效应，为破解区域发展难题、提升地方政府决策的科学性贡献力量。

三、地方高校融入产学研协同创新体系的路径——基于福州大学的实践

在当前我国经济进入新常态的背景下，地方高校要适应经济发展方式的转变，加强内部资源整合，注重学科布局，积极推进协同创新。福州大学是国家“211 工程”重点建设高校，近年来，紧紧围绕创建高水平大学的目标，主动融入国家和区域的经济社会发展，坚持“以工为主、理工结合”的办学特色，努力找准着力点和突破点，夯实人才培养、科学研究、社会服务“三位一体”的协同创新支撑体系，以“开放、合作、共赢”的理念，为国家和区域经济社会发展提供强有力的支撑力量。

（一）主动对接产业转型升级，加大学科布局调整力度

为福建省经济社会建设培养工程科技人才，是福州大学的历史使命。福州大学始终立足福建省，服务区域经济社会发展需求。特别是实施高水平大学建设以来，福州大学主动适应福建省产业转型升级，加大了学科布局的战略调整和整合力度，布局了一批面向国家和区域主导产业的应用学科和工程学科，设立了海洋学院、石油化工学院和微电子学院，学校整体的学科体系得到了进一步完善。2015 年，福州大学成为首批国家支持筹建示范性微电子学院的单位，也是全国仅有入选的两所地方高校之一。同时，福州大学进一步加大学科专业结构调整力度，工学比例提高到 53.8%，专业结构呈现出以工为主的多学科性特点，更好地实现了高水平大学建设对学校以工为主专业设置的战略部署。福州大学的学科专业与福建省主导产业、战略性新兴产业、传统优势产业、现代服务业等具有较高的契合度。在主导产业方面，福州大学的学科涵盖电子信息工程、机械装备、石油化工三大产业，覆盖率接近 93%；在战略性新兴产业方面，学科涵盖了新一代信息技术、新材料、高端装备制造、节能环保、新能源、生物与新医药、海洋新技术七大新兴产业，基本达到了全覆盖；在传统优势产业方面，学科专业覆盖率达 65%以上。

（二）面向行业产业重大需求，提升科研创新能力

福州大学以增强区域创新驱动和制造业核心竞争力为目标导向，深入实施“211 计划”，积极承接重大科研任务，产生了一批高水平研究成果。近两年来，科研总资助经费达 5 亿多元，承接 973 计划、863 计划、国家科技支撑计划、科技部重大专项等国家级重大项目累计 200 多项，发明专利授权增长迅速。2013 年开始，三大检索论文总数 1300 篇以上，论文他引次数在全国高校中的排名不断上升，篇均引用达到 13.36 次，获得省部级以上奖项数十项。同时，福州大学依托重大科研平台提升原始创新能力、工程技术研发和转移服务能力，自启动高水平大学建设以来，加大力度进行科研创新平台体系建设，新增 3 个国家级科研平台、1 个国际科技合作基地、7 个省级重大平台、2 个省级协同创新平台。2014 年，省部共建能源与环境光催化国家重点实验室获批立项建设，实现了国家级基础研究平台建设零的突破，填补了福建省地方国家重点实验室的空白。同年，福州大学的科技园获批成为国家大学科技园，填补了福州市作为省会城市没有国家大学科技园的空白，成为福建省唯一同时拥有国家大学科技园和国家技术转移示范机构两个国家级技术转移平台的高校。

（三）实施“预就业”培养模式，拓展办学渠道

随着我国高等教育大众化的快速实现，高校的教育教学改革工作持续推进，高校人才培养模式的改革方面也取得了明显的成效。但与此同时，也出现了人才培养与社会需求脱节、专业设置落后于社会经济发展等问题。为了适应经济发展对人才的新需求，加快海西区域经济和矿业的发展，福州大学与紫金矿业集团合作创办成立了紫金矿业学院，开创了企业支持办学建设、企业参与办学过程、企业检验办学成效的产学研相结合的“紫金模式”：与紫金矿业集团签订“预就业”协议的学生，一、二年级在校本部学习专业基础知识，暑期到集团实习，三、四年级每年一半时间在集团教学基地学习、实践，由学院教师和集团的高级技术人员共同为学生授课和指导论文。打造校企深度合作教育联盟，可以让学生更快地融入企业文化，为用人单位输送优秀人才打下了坚实基础，也为学校吸引社会办学资

源，探索人才培养新模式提供了新的空间。福州大学还充分利用区位优势，推动闽台教育交流，积极与台湾大学、台湾交通大学等高校建立友好合作关系，与台湾海洋大学、铭传大学、东吴大学三所高校联合建设海洋学院，专业设置突出海洋特色，以海洋科学人才培养为重点，积极抓住海峡经济区和“一带一路”倡议的契机，引进优质办学资源，拓展办学渠道，提升办学实力。

（四）推进校地深度融合，社会服务有序开展

服务社会是经济新常态下推进高校可持续发展的关键。面对当前高校间日益激烈的竞争，福州大学深刻认识到，强校之路只有在服务国家和海峡西岸经济社会发展的同时才能实现。为此，学校聚焦发展理念，确立了以创业型理念为指导、建设高水平大学的目标，推进学科调整和布局，制定和实施鼓励学校科研人员服务企业的行动方案，完善产学研合作机制。学校通过深化综合改革，实施“高校服务海西六大工程”，促进学校与社会经济、文化的良性互动。学校坚持全方位服务区域战略需求，2012 年与福州市政府签署战略合作框架协议，共同推进人才集聚工程建设，形成“优势互补、合作共建、互利共赢”的良好态势。部、省、市共建格局的形成，对构建海峡西岸人才高地，充分发挥中心城市的辐射作用，推动区域跨越发展，具有重要的战略价值。这一校地合作模式，如今已在福建省 9 市全面铺开并开始向县级市延伸，形成了多层次的合作格局，成为学校技术转移体系的一部分。作为福建省高校中唯一的国家技术转移示范机构，福州大学的科研和人才培养正紧密地融入服务区域经济社会发展中，成为助力海西发展的生力军。同时，与广东、浙江、江苏等省份开展全方位交流合作，为区域发展和产业创新提供有力的技术支持。建立地方高校和区域经济社会的良性互动，无论是对深化高等教育管理体制改革，还是对提高地方竞争力，都有重大意义。地方高校要以协同创新理念为导向，努力构建开放式校地合作网络，把国家重大战略目标和区域经济社会发展的现实需求相结合，把学校的学科建设目标和解决地方经济社会发展的现实问题相结合，努力在参与区域创新体系的建设中充分展现办学价值，为提升区域社会的创新力和国家的总体竞争力做出贡献。

第七章 研发机构深度融入产学研创新体系的实践探索

产学研深度融合模式作为协同创新发展的必然产物，已逐渐成为促进产业升级与科技研发创新的重要载体。因此，通过加大政策支持力度、完善产学研融合创新机制、增强科研机构自造血机能、拓展多领域跨界创新等措施，积极构建产学研融合新型研发机构，具有重要的现实意义。

新型研发机构的兴起与发展，已成为我国新时期高端科技产业的重要组成部分。新型研发机构在传统科研院所主要功能的基础上，一方面，重视研究成果与科技服务并重的“双轮驱动”式发展理念的探索；另一方面，在重视基础理论研究的同时，更加关注实验发展的前沿性和成果应用的深化性，充分挖掘成果孵化和转化的基础路径。经过十余年的探索与发展，我国当前新型研发机构已经形成较为鲜明的特色：在人才管理与组织方式上，拥有更高的灵活性，政府主导、企业引领、高校服务和研究机构实践的高度融合，逐渐形成了良性发展的循环管理反应链；在投资方式与协作模式上，呈现覆盖范围更广的多元化特点，通过集结各方优势资源的协作方式，促使政府资本与社会资本共同参与，开拓能够满足产业研发和社会应用需求的合作路径，切实有效地打通研发与市场间的互利渠道。基于协同创新方式的新型研发机构，在未来发展的进程中需深入探索政产学研合作的新模式和新路径。如何通过构建符合我国基本发展形势的政产学研新型研发机构，实现创新活力与市场活力的双重价值，是社会各界需要着重探讨的课题之一。

第一节　产学研融合型研发机构的概念及模式

一、产学研融合型研发机构的概念

随着科学技术的不断进步和科技体制改革的不断深化，研发机构的运行模式、管理体制也在不断创新。创新型研发机构应该是政产学研用的高度融合和一体化发展。产学研融合型研发机构的概念可理解为：以政府新兴产业发展为主导，以企业创新创业、市场需求为动力，以高校理论探索为基础，以科研机构项目为依托，借鉴现代化管理运作模式和体系搭建基础，实行投管分离、独立核算、自负盈亏机制的新型法人组织。产学研融合型研发机构的主要特点是：由政府部门、行业企业、高等学校、科研院所等多主体构成，各主体依据不同职能参与研发与应用活动。

二、产学研融合型研发机构的主要模式

在我国当前市场经济体制结构下，研发机构的建设与发展离不开政产学研四类主体的协同作用，根据各主体地位和协同作用的不同，可划分为三种模式：政府主导型、产业牵引型和学研拉动型。

（一）政府主导型

对于带有前瞻性、战略性、紧迫性、关键性的重大研究课题或项目，需要由政府部门承担主体角色，这种结构模式属于“政府主导型”。它的特点是：在重要资源的投入及成果分配等方面，政府占据主导和指导地位，其他主体在从事研发活动的过程中围绕政府的导向。

（二）产业牵引型

对于具有较好产业市场前景、研发成果转化可较好地满足经济发展需求的研究项目，需要以产业趋势、企业生产、市场需求为主导，牵动引发

其他主体共同参与，这种结构模式属于“产业牵引型”。它的特点是：企业在研发资源调用与技术成果分配方面居主导地位，其他各主体在从事研发活动的过程中围绕企业的导向。

（三）学研拉动型

对于资金有限、技术力量薄弱的中小型科技企业，其研发课题或项目的开展，需要以高校和科研院所的研发成果为导向，拉动政府与企业参与项目，进行联合开发，这种结构模式属于“学研拉动型”。它的特点是：高校和科研院所作为理论和基础研发的主要力量，对研发项目的执行具有开发权与主导权，政府和企业依据其对研发活动的投入与参与情况，通过合同等方式参与成果的分配与使用。

三、构建产学研融合型研发机构的必要性

（一）应对科技革命和产业革命的客观需要

科学技术已成为世界各国尤其是工业技术大国综合实力的重要体现，产业革命的不断深化，使得基础研究、应用研究、技术开发与产业化的边界日益模糊，科技创新活动与成果转化不断突破地域、组织和技术的界限，高水平创新型人才成为各国竞相争夺的科研资源，构建新型研发机构可推动政产学研融合，加快科技成果转化，促进产业化运作。美国先后依托大学、中小企业及地方政府创建了多家创新中心及创新研究院，并制定了长久的联合培养创新战略。除美国外，一些发达国家如日本通过内阁会议，提出了面向 2025 年技术革命的发展目标、合作模式和创新路径，强调科学技术投入是决定创新机制稳定和协同创新体系平衡的主要因素之一，并借助基本规划方案实现政校企三者间的平衡发展。我国作为发展中国家，在国家科技发展战略中更为注重中长期发展目标和协同创新总体规划设计，传统的产学研研发机构体系，无论在机制配置层面，还是在资源战略领域，均无法满足我国目前科技和社会的发展需求，且每一次的改革与更新迭代除了需要本体硬性条件外，还需要有成熟的科技创新体制作为支撑，新型研发机构在政策体系和机制运行上，更符合我国的发展目标和经济趋势，

这也是我国科技发展的必然结果。

（二）发展国家战略与利益层面的客观需要

面对知识经济与信息互联带来的全新挑战，科技创新要素已经提升到国家战略层面，越来越多的国家通过出台激励政策、推进科技升级等手段，试图增强本国的自主创新能力，以期在日益激烈和复杂的世界竞争中掌握先机。我国2011年提出的创新发展理念，迅速被提升到国家战略发展的高度，逐渐演变成不同角度的协同创新机制，政产学研用融合便是创新机制下的一种新型合作模式，为丰富政产学研用新型研发机构的内容和体系建设，我国众多省份因地制宜地提出一系列激励政策和制度，通过国家和地区战略规划协助政产学研体系健康发展。广东省深入推进“1+1+9”模式的创新部署理念，期望通过新模式的合作共赢基础，实现以粤港澳大湾区为发展中心的新型开放格局，在政策上出台了创新券，与地方高校和龙头企业联合搭建产学研结合基地，选派优秀的专业科技特派员完成高校、企业和政府间的无缝对接，这些重要举措为广东省深化国家发展战略内容提供了基础条件，也是地区发展和规划建设的必然发展趋势。在国外，占据加拿大半数以上的中小企业，依托加拿大产业研究支持计划，实现了企业和政府间的双向合作，在成熟的合作模式基础上，引入高校资源完成政产学研的配套机构体系，加拿大滑铁卢大学以研究生为培养主体，联合相对完善的政企体系，共建科技园和实训基地，将高校人才资源与社会需求、地区发展相融合，开发了众多利益共同体的经营模式，完善政产学研用融合型研发机构的组织管理机制，从不同参与方角度满足地区和国家战略发展需求。

（三）完善创新研发机构体制的必要要求

政企校主体的不同导致资源的分散度较高，导致政策渗透性力度弱、经费投入不合理、帮扶不彻底、成果利用率低、人才和社会需求不对等现象，系列问题的出现导致政企校合作无法深入进行，参与方功能发挥受限。深化政产学研用融合的新型体系是完善创新研发机构系统的重要环节，也是实现国家发展规划的必然条件，新型研发机构体制，能够弥补传统研发机构科研成果利用不充分的体制障碍和新兴产业开发不完整的弊端。一些地区在区域经济独立背景下，结合创新发展目标和政产学研一体化趋势，利用区域和地方特色来吸引新项目和新兴产业的注入，这是构建及完善政产学研新型研发机构的必要措施之一。四川省综合评价了传统产学研平台无法实现与实际完美契合的主要因素，并借助政府等相关单位的职能，以"三大发展战略"和川文化为体系基础，构建了政产学研用的政产学研创新发展体系，通过支撑机制和管理运作机制的创新，统筹科技、社会和人才资源，有力提升了产学研协同创新的效果。

第二节 构建产学研融合型研发机构的措施

一、加大政策支持力度，加强政府辅助功能

政府推动是成功构建产学研融合型研发机构的重要保障。无论是建立全新的产业集群，还是升级现有产业结构，都需要明晰权威的政策与长期稳定的资金投入来支撑。因此，在协同创新发展背景下，探索构建产学研融合型研发机构的建设实践过程中，需要进一步改善政府支持方式，建立健全相关政策规定，加大支持力度。在政策支持方面，政府可以依据地方特性与基本省情，一方面，出台相关的政策扶持文件，明确研发机构在经济产业结构体系中的定位和作用，如举办季度科技成果展销交流会，通过成果交流，定位市场需求和省份产业结构比例，挖掘科技成果的潜在价值；另一方面，制定具体的政策指导措施，鼓励各类组织及个人以多种形式参与研发机构和项目的合作共建，如政府可定期为已达成联合培养的产学研用企业和高校，推荐相关专业政策指导人员和技术人员，并为已完成校企对接意向和发展计划的机构或单位，提供产业技术联盟交流平台，通过平台交流达成战略联盟意向，深入贯彻政府政策的导向和主体作用。在政府投入方面，针对资金短缺、投入不足等原因导致的建设与项目进程滞后的情况，尤其是对于规模较小的研发机构，自主创新能力较弱，没有完全摆

脱生存压力，政府可以有针对性地进行资金帮扶与税收优惠等，助推其产生关键成果，对产业形成支撑引领作用，如适当出台创新人才聘用政策，将部分帮扶资金投入到人才资源配套建设中，完成人才和科技成果的双向链接，此外，也可借助政府经费投入设立政产学研合作创新示范点，从特性角度开发示范点价值。山西省通过出台系列地方政策法规实现转型，跨越生产目标，自山西省人民政府发布《山西省推动产学研合作实施办法》（2000），各地方高校和企业开始着重科技人才与创新人才的培养及创新协同项目的孵化，并借助免征营业税、所得税或各项手续费用，刺激中小企业的稳固和发展，在奖励评价方面也设立了独立的奖评机制。

二、完善产学研合作机制，促进利益共享

完善产学研合作机制的关键在于，建立健全现代化的运行管理制度，形成并执行规范的管理体系与良好的运行机制。作为机构共建、利益共享的各方，实现政策与资金支持机制固定化，依靠成果转让实现收益机制化，基于这一良性结构模式，研发机构有充足的资金作为保障，运行才能实现良性循环，得以持续发展。我国不仅在民族特色上具有特殊性，在社会供求和人力上也具有明显的特点，产学研合作机制的创新和深化应建立在国情、民情的基础上，立足区域进步和发展，为便于管理和运作，各参与方应明确制定相关计划或规划，并通过系列游学讲座、基地培训、产品实训的形式，丰富创新合作机制体系，促进利益共同体的健康发展。张家港市为实现人才储备和政产学研创新机制的开发，将高校带动型政产学研理念深入贯彻至企业、科研机构、高校和政府等参与方，新型政产学研研发机构的建立和完善，为张家港市实现2020年3%的人才科技投入，提供了稳健的支撑条件。此外，2019年11月，浙江省经济和信息化厅携手中国电子协会和德清县人民政府，共同签署了共建“区块链小镇”战略合作协议，将部分高校和国际国内相关人才纳入该协议的发展进程中，充分体现技术交流、产业协作的规划目标。据前瞻产业研究院的不完全统计，政产学研体系的完善，促使我国创新创业能力不断加强，科技成果占领大部分技术市场，且技术合同交易额连年上升，从2014年的0.86万亿元增长至

2019 年的 1.78 万亿元，同比从 2015 年的 14.68% 增长至 2019 年的 32.84%，同比增长实现翻番，这可谓是政产学研合作机制最为有效的成果展示。机制的创新与更替，是建设和完善政产学研新型研究机构的首要任务，新型研发机构因其定位的特殊性，在实行企业化运行的同时，还要注重秉持非营利性，承担相应的公共服务功能，这既是我国国情的特点，也是下一步建设中必须突破的重点。在这一要求下，政产学研合作机制中的相关部分也要实现同步创新，如收益分配、成果转化、人才引进、激励考核等。新型研发机构应当明确的一点是：依靠政府不等于依赖政府，在人、财、物的管理方面，必须拥有相对独立的支配权和决策权，才能获得真正的长远发展。此外，完善政产学研研发机构奖励和评价机制，是促进成果集成转化的必要条件，若无均衡的激励机制和计划方案，必然导致人才储备量的下降和大部分科技成果的沉积，将研发机构体系作用发挥至最大化，需要产业升级、技术创新和科技成果转化相结合，共同发挥各自功能，方可实现资源利益共享。

三、注重协同创新发展，增强科研机构自造血机能

产学研融合型研发机构建设初期需要由政府牵头主导，整合各方资源，协调各方利益。但从长远来看，研发机构自身要实现良性可持续发展，必须注重增强“自造血”机能。破除人才流失、技术垄断、成果低产、任务模糊等弊端，均是协同创新发展过程中的重点，人才资源和储备量作为增强“自造血”机能的重要因素，是建设产学研融合型研发机构的基础内容之一，吸引人才是稳固科技人才资源的主要手段。研发机构可针对市场和社会的不同需求，有计划、有梯次地招聘选拔不同类型的技术人才，如实用型博士后、技术储备型博士后、对外合作型博士后、产业化型博士后等。广泛吸纳具备真才实学、在国际大型公司具有丰富的工作经验、可以在重点科技领域独挑大梁的领头羊人物；加大对高层次人才的引进与培养力度，引进一批能够突破关键技术、带动新兴领域的战略领军人才。太仓通过构建政产学研用融合创新体系，引进了大批量高层次人才及各领域领军人物。国家统计局数据显示，2018 年太仓实际地区 GDP 约为 1330 亿元，位列全国科技创新示范区第二，且约有 400 家企业与高校、政府合作，推出双元

制人才培养计划及多项新兴产业—高校直通车活动，丰富的人才引进机制和政策帮扶奖励体系，为太仓实现人才积淀、项目创新、成果转化提供了强有力的“换血”功能，充分体现了政产学研与当今我国发展需求和政策体系间的契合度。

四、增强参与方合作能力，拓展多领域跨界创新

产学研融合型研发机构是多学科的集成与融合体。不同于传统科研院所的单一研究方向划分，研发机构的研究项目应注重紧密围绕产业化与市场应用目标，打破学科之间的壁垒和藩篱，突破专业分科的固有思维模式，组建多学科、多专业的复合人才队伍，开展与国际接轨的前沿综合交叉研究。在完善产学研融合型研发机构体系过程中，参与方的合作配合程度决定了机制体系的完善程度，合作能力的强弱代表参与方所发挥的作用是否均衡，平衡发展是保证科研成果转化提升的重要基础条件，也是开拓多领域、交叉学科功能创新的基石。政企校可依据自身资源条件，制定统一规划标准或产业合作协议，政策法规的约束可保证新型研发机构的建设质量和水平。南京工程学院与江苏省内一些中小企业联合，为培养新一代“新工科”创新型人才，该校更新了原有的传统学科，为“新工科”建设提供专业师资力量，其中，材料科学与工程学院将政产学研协同视为深化产教融合、学科融合的重要支撑载体，“新工科”专业的建设为省内部分中小型企业提供了当期最大量的科研应用型人才，丰富了市场需求功能，完善了人才培养内容，为交叉跨领域融合提供了实践依据，属于成功的政产学研协同创新机制作用领域的成果之一。多学科的交叉研究，是解决当前经济社会发展中遇到重大综合性问题的重要措施。因此，只有改变传统的单兵作战形式，进行跨领域、跨机构、跨学科的合作研究，才能激发团队协作意识，攻克重大技术难题，从实质上提升我国科研创新能力。相较于初期产学研合作平台的对接率低、利用率低的问题，产学研融合型研发机构多了几分灵便性，其可依据国家政策主体，引导出更有实际效能的合作模式，这种研发机构模式从形式上弥补了对接信息不全的弊端，也从应用上扩展了科技成果转化效能的范围。产学研融合型研发机构各参与方可制定联动

机制，这种联动机制较传统产学研合作方式更具适应性，同时，可借助科研成果应用人才改革举措提升机构发展和规划高度，将目光投向学科交叉地带，联合举办不同社会对象、不同学科的专题交流会，探索多学科综合研究方法，发掘和培育跨学科研究人才，寻找更多的创新基点。

第三节 构建融合创新型研发机构的实践探索
——基于中国科学院深圳先进技术研究院的实践

随着全球经济社会格局进入深度调整期，科学技术日趋成为推动经济社会发展的主要力量，新一轮科技革命和产业变革正在孕育和兴起，创新驱动发展是大势所趋。对此，习近平在全国科技创新大会、两院院士大会、中国科学技术协会第九次全国代表大会上多次强调指出，中国成为世界科技强国，必须拥有一批世界一流的科研机构。

中国科学院深圳先进技术研究院（以下简称“深圳先进院”）为创新而生。2006 年 2 月，中国科学院、深圳市人民政府及香港中文大学三方决定共建深圳先进院。深圳先进院实行理事会管理，探索体制机制创新；瞄准国际一流工业技术研究院，致力于建设与国际学术接轨、与珠三角产业接轨的新型科研机构，为提升粤港澳大湾区制造业、健康产业和现代服务业的自主创新能力，推动自主知识产权新工业建设，率先建成国际一流科研机构。

经过十多年的发展，深圳先进院已初步构建了以科研为主的集科研、教育、产业、资本为一体的微型协同创新生态系统，由八个研究平台（先进集成技术研究所、生物医学与健康工程研究所、先进计算与数字工程研究所、生物医药与技术研究所、广州中国科学院先进技术研究所、脑认知与脑疾病研究所、前瞻性科学与技术中心合成生物学研究所、先进材料科学与工程研究所）、多个特色产业育成基地（深圳龙华、平湖及上海嘉定）、多只产业发展基金、多个具有独立法人资质的新型专业科研机构（深圳创新设计研究院、深圳北斗应用技术研究院、中科创客学院、济宁中科先进技术研究院、天津中科先进技术研究院、珠海先进技术研究院、苏州先进技术研究院、杭州先进技术研究院、武汉中科先进技术研究院、山东中科先进技术研究院）等组成。深圳市人民政府与中国科学院2018年底在深圳签署《合作共建中国科学院深圳理工大学协议书》，将依托深圳先进院及中科院在粤科研力量建设中国科学院深圳理工大学。

深圳先进院一直以来紧贴创新发展的脉搏，拥有全球高端人才和新颖的体制机制模式，具备扎实的科研实力。已累计承担科研项目经费近60亿元，累计申请专利8000余件，专利总体价值、影响力位列全国科研院所第一方阵；累计发表论文超过1万篇，在国际顶级期刊《科学》《自然》共发文30多篇；累计孵化企业968家。

在创新驱动战略和率先行动计划的指导下，深圳先进院在高端医疗影像、低成本健康、医用机器人与功能康复技术等科研方向取得丰硕成果，在城市大数据计算、非人灵长类脑疾病动物模型、先进电子封装材料、肿瘤精准治疗技术、合成生物器件关键技术等重点培育领域均取得重要突破。深圳先进院现已成为国内海归密度最高、国际化学术交流氛围较好的新型科研机构。

从成立之初，深圳先进院不断进行体制机制改革，已经初步探索出了一条事业单位企业化、市场化运营的新型科研机构发展道路：采用理事会管理模式，开放办院，需求牵引，动态定位目标；采用三方共建的模式，根据国际科技发展态势，结合地方经济、社会和产业发展的需求来定位发展目标和战略方向，更加贴近世界前沿；主动拓展与国内外各界的互动，特别是与香港及世界一流大学的学术与科研合作；强调多学科交叉，鼓励跨部门、跨单位、跨界创新；坚持学术与国际前沿接轨，产业化与区域经济融合。不拘泥于传统科研机构的建设，初步搭建了围绕科研的集科研、教育、产业、资本为一体的微型协同创新生态系统，这一做法大幅提高了创新的效率与效益，高效地实现了创新链上下游资源的共享与协同，且具有较好的延展性和可复制性，可以成为区域和国家创新体系建设的有力抓手。遵循巴斯德模式，形成了学科交叉和集成创新的特色与优势。

深圳先进院强调由应用引起基础研究，以市场需求为导向，强调研发与生活、市场的紧密连接，真正实现科技创造价值，带动深圳产业跨越式升级。先期牵头的深圳机器人联盟就是个很典型的例子，2006 年全市机器人只有 5 亿元产值，2019 年统计已经超过 1000 亿元。一方面，深圳先进院立足源头创新，面向科技前沿，培育新兴学科，形成学科交叉和集成创新的特色与优势，为深圳战略性新兴产业的发展提供持续的知识源头和核心知识产权；另一方面，面向国家战略需求，以重大项目和前瞻性布局为牵引，实现重大科技创新突破，瞄准国家战略性新兴产业实施规模产业化，形成双螺旋产业化战略，合力推动产业化跨越式发展。深圳先进院以知识产权引导科研方向，以市场需求引导产业方向。为增强开放研发机制，与企业携手共进，推动产业化合作的“源头对接”模式，合力推动产业化跨越式发展。在项目评价方面，提高产业化合作项目的绩效比重；在项目管理方面，改变蜂窝煤式项目管理模式，实施动态矩阵式管理。另外，重视人才队伍建设，创新人才培养模式。深圳先进院围绕“人才强院”战略、“质量先进院”战略的实施，优化人才培育载体环境，加大高端人才吸引力度，以完善人才服务手段为抓手，加快高端人才引进培养系统工程实施，建设三级人才梯队，促进人才优先发展。面向全球引才，建成海外高层次人才创新基地和国家引智示范基地。国际化科技人才创新创业服务环境的建设，为深圳先进院建设国际一流工研院提供了坚强的人才保障和智力支持。

2019 年 8 月 18 日，中共中央、国务院发布了《关于支持深圳建设中国特色社会主义先行示范区的意见》，这是党中央赋予深圳的新的历史使命。先行示范区要有先进的科研技术、培植创新的沃土以及完善的知识市场机制。深圳能在短时间内实现深圳速度，创造深圳奇迹，必然有其自身优势，但这种优势主要集中于政策机制和产业基础等方面，源头创新不足的短板势必会影响其进一步转型和发展，需要高水平的大学作为其发展的有力支撑。风物长宜放眼量，在这样的背景下，深圳先进院应该看到下一轮科技革命的发展趋势，着眼未来开辟新域，全面提升创新国际化水平。

深圳将以深港科技创新合作区、光明科学城、西丽湖国际科教城“三位一体”为重点，联合争创综合性国家科学中心。在大力发展新型科研机构和一流的研究型大学的基础上，逐渐培育完善的知识市场，发挥市场在科技创新中的主导作用。而深圳建设国际科创中心的关键就是要充分落实高等学校办学自主权，加快创建一流大学和一流学科。

8 第八章 政府在产学研深度融合中的作用

产学研协同创新是驱动国家社会经济发展的重要动力。但在市场机制作用下，产学研协同创新时常面临“市场失灵”的困境。“无形之手”的“失灵”需要“有形之手”及时补缺补位。只有在政府的引导下，产学研双方达成合作的部分条件才更容易得到满足，其引导作用才能通过改变协同创新收益，显著地促进产学研协同创新的实现。

第一节 政府要发挥参与、服务、引导的作用

党的十九届五中全会强调，要优化重大科技基础设施布局，促进科技资源的开放共享，打造跨学科、跨领域、产学研用协同的高效科技攻关体系。产学研深度融合、协同创新已经成为提升国家和地区自主创新能力的一种重要组织模式，发展产学研协同创新是实施国家创新驱动发展战略、建设创新型国家的重要手段。然而，当下的产学研协同创新面临着明显的短板，例如，企业和学研机构的利益共享与风险分担机制不健全，组织联合协调性较差，价值取向差异导致的技术供需脱节等，引发了创新生产中的“市场失灵”现象。概括来讲，目前能为双方提供持续合作动力的产学研协同创新体系尚未完全形成，导致我国经济稳定持续发展的创新动力不足。因此，不少学者主张政府应当而且能够在企业和学研机构的互动关系之间发挥直接或间接的引导作用。我国政府已经通过财政资助、研发和税收补贴等措施鼓励企业和学研机构开展协同创新活动，但对于政府的引导

效果，学术界仍然存在较大分歧。李林等认为，政府引导对产学研协同创新项目的成功实施具有重要影响，政府的资金投入、政策支持等有效地促进了产学研协同创新。政府引导产学研协同创新有时也不能达到理想效果，例如，政府的直接财政资助可能会对产学研的研发投入产生“挤出效应”，财政资助的促进作用在一定程度上也存在着滞后性。

一、政府要做产学研深度融合的参与者

特别是在关键共性技术和基础共性技术的研发方面，不能单纯地依靠市场机制推动，还需要政府的积极参与，以重大科技项目为纽带，以产学研联盟为载体，力争突破一批共性技术和关键核心技术，促进产业结构转型升级。与此同时，政府需积极引导创新，通过科学合理的角色定位，推动构建协同创新治理机制。

通过国家财政政策加大对产学研协同创新发展的投入。政府可借鉴发达国家的成功案例，通过增加国家的财政预算支出推动科技成果向产业化转化。对于企业技术创新可能遇到的市场不确定性问题，可通过政府采购政策来调节，以达到研发创新技术的目的，政府购买对企业创新能力的培养产生的效果远远超过直接资助。政府也可通过降低企业进行科研创新投入的税收，鼓励支持企业将更多的生产要素投入到科技创新研发中。

二、政府要做产学研深度融合的服务者

政府既要培育企业、高校和科研院所的知识产权保护意识，也要强化科技与金融的紧密结合，解决产学研深度融合中的资金问题。在大多数产学研合作模式中，都是由企业提供资金，高校或科研院所提供科技人才和科研设备。面对关键核心技术、共性技术和前瞻性技术难题，企业单独出资面临较大困难，政府可通过设立专项资金，为产学研深度融合提供资金来源，推动技术研发和创新，降低企业进行技术创新的风险，提升企业参与创新的意愿。

建设协同创新平台，共享多元创新主体的资源。在多元主体共建的科

技创新服务平台上，共享高校、国家重点实验室等最高科研基地的资源禀赋优势及科技创新成果转化，为企业提供业务咨询、创新项目可行性分析、科技成果转化、投资风险等与企业利益相关的创新服务。同时，政府将信息、技术等提供给具有良好信誉、较强软实力及综合竞争优势的创新服务咨询企业，并与其他国家的创新型企业交流创新成果，推动我国产学研协同创新服务水平达到世界标准，实现创新服务效率不断提升的目标。在进行创新服务过程中，对于遇到的外部性问题，可由政府部门带头搭建的产学研协同创新平台予以解决。

通过政策调整给渴望参与产学研协同创新发展的中小企业提供入门的机会。大多数发达国家政府部门为扶持中小企业参与产学研协同创新，会提供诸多便利。例如，美国成立中介机构，目的是为中小企业提供专业化的创新服务，并将科技创新成果不断转化为企业产业。同时，将联邦政府发放给企业的2.5%的科研预算用于支持中小企业与高校及科研机构的科技创新合作。此外，应将研发过程中高校及科研机构等发明专利获得的专利权授予企业用来生产制造，让中小企业真正感受到参与产学研协同创新的好处并积极参与。丹麦相关部门为提高支柱产业在市场中的地位，制订了一系列方案鼓励支持中小企业参与产学研协同创新。在推动科技成果转化为企业产业及商业的过程中，应重视中小企业的力量，我国政府部门也应同发达国家一样，通过国家扶持，给中小企业提供与高校、科研院所合作交流的机会，互通产学研协同创新发展经验，激发中小企业的创新潜能。

三、政府要做产学研深度融合的引导者

政府需引导建立产学研深度融合的利益分配机制和风险控制机制。前者需要尊重企业、高校和科研院所的利益和需求，充分考虑创新的贡献率；后者需有效应对成果转化风险、创新失败风险等，尽可能地将风险发生的概率降到最低，有效减少创新主体的损失。

政府应该充分发挥“领头羊”的作用。世界发展趋势愈发表明，一国取得的科学技术进步已经不能完全决定该国的经济实力，还要考虑该国是否具备将全球的技术创新成果转化为企业产业化及商业化发展的能力。当

前，我国的大部分创新资源没有形成统一的整体，难以系统地建立产学研协同创新发展模式。因此，需要政府相关部门协调各方，共同实现产学研协同创新，并促使创新输出最大化地满足需求。

政府引导下产学研双方达成合作的部分条件更容易得到满足，其中，政府能通过改变协同创新收益、赔偿系数以及协同创新成本对博弈策略的影响效果，显著地促进产学研协同创新的实现，但政府的引导作用并不能有效改变企业和学研机构的初始参与意愿以及收益分配系数对博弈策略的影响效果。因此，在市场机制下产学研协同创新面临的“市场失灵”问题可以依托政府有针对性的奖励和处罚措施，通过提高产学研双方参与协同创新的超额收益、增加放弃协同创新的赔偿金额以及降低参与协同创新的成本等方式，多措并举，逐步破题。虽然政府引导并没有明显地改变收益分配系数对博弈策略的影响，但考虑到现实中企业和学研机构参与协同创新的动机存在很大不同，双方利益目标的不一致往往会导致协同创新的失败，而一个公平合理的收益分配机制则是持续维持协同创新系统稳定性的重要措施。因此，政府应从以下三个方面着手，积极地介入到完善产学研双方利益分配机制的过程中，充分发挥其引导和促进产学研协同创新的作用。一是组建专门的协调管理机构，按照“双方共赢、互惠互利、按劳分配”的基本原则，明确相关的利益分配导向，以促进企业和学研机构双方利益、协同创新系统利益以及社会利益的共同发展。二是加强知识产权保护，完善与协同创新主体行为相关的法制化管理法规建设，严厉打击查处各类违法侵权行为，以保障协同创新过程中双方的合理利益。三是完善科技成果评价机制，一方面，加快科技成果的评价队伍建设，提高现有评价机构的资信度；另一方面，要进一步规范科技成果的投资要素评价、价值评价等评价体系，对协同创新创造的价值进行评价。

第二节　市场机制对产学研深度融合的作用

产学研深度融合需以市场为导向，使市场在资源配置中起决定性作用。

推动产学研深度融合，需更好遵循市场规律，优化创新资源配置，推动创新要素集聚，提升企业的创新能力和市场竞争力，具体可以从以下几点入手：

一、完善成果评估体系

加快建设知识产权法庭，加大执法、执行力度，从法律法规上保障科技活动顺利开展；建立科学公正、适合我国国情的评价体系，为科研人员提供良好的学术及人文环境，充分调动其主动性；对评审标准、评审专家、评价结果等信息全程公开、公示，有效维护科技成果评价的客观公正和权威性。

二、健全人员激励机制

在给予科研人员物质激励的同时，进一步强化精神激励，大力营造尊重知识、尊重人才的社会环境，建立一套科学评价技术人员工作成果的考核机制。在此基础上，还要努力形成市场认可、来去自由的人力资本流动机制。

三、构建信息共享平台

充分利用现代化的通信系统和信息技术手段，构建面向全社会的产学研信息收集和发布网络平台；建立产学研深度融合项目评价数据库，为企业、高校和科研院所提供合作项目的技术咨询和市场报价资料；在政府的引导下，打造集咨询、检索、申请、评估、审批、交易、投融资等功能于一体且具有权威性的产学研服务平台。

四、建设科技中介体系

主要是加强科技中介建设，发挥其服务、评估、经纪和咨询等职能，为科技创新实体提供社会化、专业化服务。具体包括：制定统一的中介服务机构标准，定期开展中介服务机构资格认定和审查，提升中介服务机构技术水平和服务质量，强化中介服务机构的人员培训和日常管理等。

第三节　政府服务产学研深度融合的路径选择

一、发挥政府对产学研深度融合的宏观调控职能

面对复杂多变的世界经济形势，决定一国经济实力的已经不完全是单纯科学层面上的突破和领先，也包括如何将世界上已有的科研成果尽快地实现产业化和商业化。历史上，原子弹、飞机引擎和互联网等发明是当时美国政府基于战略考量，集中投入巨额资金，推动各方共同研发的成果。目前，我国相当数量的创新资源仍然处于彼此分散、难以互动及缺乏有效整合的状态，政府应当努力在产学研协同创新中扮演“总协调人”的角色，实现创新产出的最大化。一是打造提供高质量创新服务的公共平台。全面统筹高等院校、科研机构以及各级重点实验室、工程中心的创新资源，构建全国范围内创新资源共享以及科技成果转化的互联互通平台，提供创新战略咨询以及创新战略实施评估、科技成果评估、风险投资咨询和检验检测等目前企业需求迫切的科技服务。同时，培育一批信誉度高、综合实力强的科技咨询服务龙头企业，利用政府在信息和信用方面的优势，促进国内外相关机构的交流与合作，促进科技咨询服务业的早日完善，提升全国范围内的创新效率。由政府牵头建立的产学研协同创新平台对于构建战略合作网络能起到四两拨千斤的作用，最大限度地解决产学研协同创新所面临的外部性问题。二是运用财政等政策手段扶持产学研协同创新。在财政政策方面，可以借鉴美国等的成功经验，通过预算支出政策促进科技成果转化。例如，美国政府规定国家实验室预算的10%~20%应当用于同企业的直接合作。此外，应当在合适的时机运用政府采购政策降低企业技术创新所面临的市场不确定性，从而引导和鼓励研发新技术。实践表明，政府购买往往比对企业进行直接资助起到更好的推动作用。在税收政策方面，通

过对企业的研发投入给予税收减免或优惠，以此鼓励社会资本加大对高等院校和科技机构的创新投入。三是积极扶持中小企业参与产学研协同创新。众所周知，许多发达国家都鼓励和支持中小企业参与产学研协同创新。美国专门成立了小企业发展中心等专门为中小企业提供服务的中介结构，为中小企业实现科技成果产业化提供信息、技术方面的支持。同时，为了促使小企业与高等院校、科技机构展开合作，还在小企业技术转移计划中规定将联邦政府研发预算的 2.5%用于支持小企业的技术研发活动，但必须以高等院校和科研机构的参与作为前提条件之一 。此外，还规定将研发活动产生的专利权赋予企业，以此来调动中小企业技术创新的积极性。丹麦政府通过制定各种方案指导中小企业参与不同规模的科研项目，以此全面提升丹麦支柱产业的竞争实力。鉴于中小企业参与协同创新对于科技成果转变为现实生产力的重要作用，我国政府应当学习发达国家的做法，努力为中小企业牵线搭桥，包括举办各种形式的交流活动，以此分享产学研协同创新的成功经验，进而提高中小企业参与创新的主动性。

二、推进高校教育教学及管理体制的深化改革

一是改进教学理念，以培养学生的探索精神和创新能力以及强化就业竞争力为根本目的，在教学方法以及评价机制等方面学习和吸收美国、德国、日本等国的成功经验，注重培养学生发现问题、解决问题、自我认知、组织协调、人际交往的能力，探索培养跨学科、跨领域的复合型人才的道路。二是推动教学与科研的不断融合，充分利用高等院校、科研机构和企业中不同的教育环境和教育资源，学以致用，在加快推动科研成果转化的同时，确立和强化企业的综合竞争力。许多隐性知识须通过日常面对面的交流才能实现更好的交流和沟通。一方面，可以聘请企业工程师或实际科研工作的领军人物担任高等院校的客座教授，帮助学生减少由理论知识向实用技能转化过程中可能出现的障碍，尤其是应提倡具有丰富从业经历、过硬理论功底且对相关产业领域技术创新走势有深刻认识的企业家，长期担任高等院校和科研机构的兼职导师；另一方面，可以邀请高等院校中理论知识扎实的资深教授，定期为企业的科研人员介绍相关研究领域的最新

研究动向以及相关的基础知识，帮助他们尽快将已经掌握的实践经验转变为系统性的理论知识。三是不断扩大与国外相关产学研机构的合作与交流。借鉴我国制造业通过吸引外资发展壮大的成功经验，鼓励和支持世界上著名的产学研机构，如德国的弗劳恩霍夫应用研究促进协会和赫尔姆霍茨协会等来华开设分支机构，以便于近距离地学习其组织结构和运营管理模式；进一步推进与美国、日本等国知名大学和跨国公司的深层次合作，采用中外合作办学或在国外建立培训基地等形式共同培养同时具备创新精神和实践能力的复合型人才。

三、协调产学研深度融合不同主体的目标定位和利益共享机制

产学研协同创新的利益相关方要想从合作中受益，必须找到有效的途径以协调不同主体的目标定位和利益分配机制，从而使得各方形成稳定的合作预期，最终实现多方共赢。对于企业而言，应当借助产学研协同创新提升长期的创新能力，而不是仅仅着眼于短期绩效。一是制定相应的法律法规规范产学研协同创新主体各方的利益关系。在诸如人员奖励、利益分配和知识产权归属等方面完善激励、约束和成果分配等的机制建设，尽力扫除科技成果转化为现实生产力的障碍，保障产学研协同创新各方的合法权益。20 世纪美国陆续颁布的《拜杜法案》《国家合作研究法案》《复苏与再投资法案》就促进了高等院校实现研发成果产业化，然后用产业化获得的收益进一步推动研发的良性循环。同时，政府应加强监管，杜绝企业高等院校和科研机构为获取政府资金而产生的寻租行为。二是产学研协同创新的利益相关主体应放眼未来，将各方的短期利益和长远利益结合起来。一方面，高等院校和科研机构的研究应围绕企业对于重大核心技术的实际需求，通过不断积累具有自主知识产权的科研成果，确立企业核心技术方面的垄断竞争优势；另一方面，企业应借助高等院校等外部资源提升战略构想、组织文化和丰富知识储备，而不是仅仅注重短期利益。此外，还应当尊重高等院校和科研机构的创新性成果，合理运用现代金融手段评估高等院校和科研机构研发人员的成果价值，确保其在职称评定、利益分配等方面获得与其贡献相匹配的地位和待遇，保持合作动力，增加创新活力。

总之，在政府的扶持和引导下，产学研协同创新的各相关主体应加强沟通和交流，努力推动资源共享，全力保障产学研协同创新的长效机制。

四、改革创新适合产学研深度融合运行的人事人才制度

经济全球化，首先是人才的全球化。随着科技和信息技术的快速发展，人才流动的成本不断降低，同时，伴随着世界经济的日益融合，人才的流动性也在不断加强。未来应当借鉴欧美等国在吸引人才方面较为成熟和完备的制度体系，集聚全世界范围内的高层次人才，以应对新一轮产业革命的挑战，分享国际人才红利。一是要以法律法规为基础，制定与引进高层次创新人才相关的政策体系，并适时出台《技术移民法》。同时，结合我国经济社会发展的实际状况，建立高层次人才数据库，借助科学的量化评估体系，从语言技能、教育水平、工作经验、发展预期以及我国相关产业人才储备的紧缺程度对各类人才进行详细分类和有效评估，宁缺毋滥，确保引进真正能为我国经济发展做出贡献的高层次人才。二是把海外留学生作为吸引高层次人才的“蓄水池”。美国作为世界上发达程度较高的国家，其成功经验之一就是努力吸引和留住符合美国需要的各国留学生。具体而言，就是通过人才交流计划、留学生资助政策招收世界各国的优秀学生，再为其量身定做相应的签证政策，留住高层次的创新人才。实际上，留学生具有在中国生活甚至是工作的经历，能够更好地适应当地的工作和生活环境。未来应当把优秀的海外留学生作为重要的人才储备，鼓励优秀留学生毕业后选择在我国就业和定居，同时，力争以这些留学生为桥梁，本着低调和务实的原则，进一步吸引其所在国的高层次人才在华创业，真正构建“以才引才”的良性循环。

五、营造能够有效推动产学研协同创新的良好环境

放眼世界，许多足以影响历史发展进程的创新活动并不是通过由上而下的推动而发生的，而是在自由的市场机制和宽松的创新文化氛围中自然孕育而生的。为产学研协同创新营造良好的环境，应明确政府和市场的分工和定位。党的十九大报告提出，要使市场在资源配置中起决定性作用，

相应地，政府职能应当从直接介入创新活动向提供公共服务转变，通过完善法律制度和优化社会环境培育孕育创新的土壤，完善知识产权保护制度，维护正常的市场竞争秩序，依法查处不正当竞争行为。在制定有关推动产学研协同创新的政策时，应尽快改变以政府官员及相关研究机构为主导的局面，邀请相关的企业家及负责人参与政策的咨询和讨论，注重发挥企业家在政策制定中的作用。努力在全社会形成鼓励创新、宽容失败的文化氛围。17 世纪的英国之所以能够成为当时引领全世界科学发展的中心，主要原因之一在于英国当时较为宽松的宗教背景为以牛顿为代表的科学家群体进行科学探索提供了理想的环境，进而为蒸汽机等技术的出现以及纺织业的飞速发展打下坚实的基础。所谓产学研协同创新，本质上也是打破常规、不断摸索的过程，而这种摸索过程往往会由于市场、技术等不可控的因素而失败，应当在全社会加强对创新规律的认识和宣传，使科研人员能够不断开拓进取、勇于创新。努力为创新人才打造宜居宜业的环境。首先，应大力发展生活性服务业，满足创新人才对于医疗保健、子女入学和父母养老等方面的需求，解除他们生活方面的后顾之忧。其次，完善载体建设，借鉴韩国的成功经验，以重大科技合作项目为纽带，把特色园区和重点产业基地建设成为进一步推动成果转化和人才培养的国际产学研合作基地，为高层次人才提供良好的发展环境。

六、创新适合区域特点的产学研协同创新模式

我国幅员辽阔，各地区资源禀赋以及所处的经济发展阶段等均存在较大差异。关联性较强的高等院校、科研机构应与当地企业创新形成创新主体间的有机融合，进而形成适宜的产学研协同创新模式，以推动产业链和创新链的相互融合。具体而言，应结合所在区域的产业特点、地理位置以及产业发展变化趋势，围绕当地的主导产业或重点产业集群，依据产业技术特色以及产业技术间的合作，推动产业技术的集成创新，各相关主体间应具有长远利益方面的稳定性和一致性，并依法获取收益和承担风险。例如，在宁波市科技局的牵线搭桥下，2014 年宁波均胜电子股份有限公司与浙江大学设计与集成研究所共同创建了创新设计与制造联合实验室，把企

业的产业化能力与高等院校强势学科的科研力量和人才优势有效结合，推动德国工业机器人以及自动化生产线技术在我国的推广，并且共同培养具有创新能力的复合型人才；我国金属 3D 打印领域的龙头企业西安铂力特增材技术股份有限公司依托西北工业大学凝固技术国家重点实验室，与陕西省其他高等院校、科研机构和企业等共同成立了 3D 打印产业技术创新联盟，通过产学研技术联盟的形式，有效汇聚了各种创新资源，为产业转型升级提供了动力。总之，各地区产学研协同创新的模式应当结合所在地区的实际情况不断摸索和完善，各创新主体都应当为建设和实现互惠互利、开放灵活的合作机制而共同努力 。

第四节　地方政府的实践
——基于吉林市政府对产学研融合体制构建的探索

产学研融合是创新驱动发展战略的关键环节，是催生城市新的发展动力的有效途径。习近平在党的十九大报告中明确提出，深化科技体制改革，建立以企业为主体、市场为导向、产学研深度融合的技术创新体系，加强对中小企业创新的支持，促进科技成果转化。产学研用深度融合是深化科技体制改革的一项重要内容，在宏观层面能推动经济增长方式由要素驱动向创新驱动转变，在微观层面能实现企业、高校和科研院所等产学研主体的深度融合，形成创新合力。通过政产学研用融合协同，集聚创新资源，促进创新要素合理流动和优化配置，有利于打开科技与经济转移转化的通道，加快科技成果转化为现实生产力，激发全社会的创新创业活力，提升城市的自主创新能力。

吉林市具有比较丰富的教育、科技资源，有 8 所高校、1 个中央直属科研院所、3 个省属科研院所，有国家高新技术企业 94 个、省科技小巨人企业 72 个，在推进产学研用深度融合方面具有较好的基础。但在产学研用深度融合方面仍存在企业自主创新能力较弱，合作各方结合不够紧密等问题，嫌“贫”爱“富”、抓“大”放“小”的现象颇为多见，合作各方还未充分享受到产学研合作带来的收益。

近年来，吉林市积极抢抓国家和省创新创业发展机遇，坚定不移地实施创新驱动发展战略，以构建宽松、自由、开放的创新发展生态体系为主线，坚持内部整合、外部联盟、重点引进的产学研协同创新原则，围绕产业链部署创新链，依托创新链完善人才和金融要素支撑，初步形成“一体两翼”的科技创新创业生态体系，校城融合“567”创新体系初步形成，创新型城市建设步伐明显加快。

一、主动适应经济发展新常态，构建新兴产业新格局

近年来，吉林市结合国家、省创新创业相关政策意见，坚持改革创新主线，研究出台了《关于深入实施创新驱动发展战略的若干意见》《关于进一步深化产学研合作的意见》等政策措施文件，着力加强组织领导，强化政策激励，细化工作举措，加快促进产学研合作。为主动适应市重点产业发展，积极整合科技创新重磅资源，重点为冰雪、新能源、新材料、医药健康、现代农业提供科技支撑。其中，吉林乾仁新材料有限公司开展碳纤维油剂、上浆剂及树脂的研发，经中国化纤协会组织专家鉴定达到了国际先进水平；与中科院、吉林大学、北京化工大学等院校签订了碳纤维主题产学研合作协议，与市碳纤维企业开展产学研合作，碳纤维产品规格涵盖1K、3K、6K、12K、24K（25K）、48K（50K），产品性能突破了T700级技术指标；积极抢占国家冰雪产业技术标准创新高地，聚集多方资源，探索联合建立冰雪标准基地和冰雪装备检验检测中心；深入推进与北京体育大学的战略合作，加快推进“冰雪＋科技”领域产学研合作、人才联合培养、共建科研基地等工作；围绕智能制造、智能物流、无人驾驶等方向，组织高新区联合吉林市8所高校，在高新北区共同建立了ULAB联合大学AI实验室，实验室集聚了全市各行各业从事人工智能研发与应用研究的创客，现已实现入驻企业5家，累计支持项目8项，扶持资金100万元。下一步，将进一步加强组织领导，着力推动体制机制创新，进一步强化政策、资金等保障，确保校城融合协同创新行动等取得实效，促进产学研深度融合，着力构建新兴产业新格局。

二、创新“飞地经济”模式，推动跨区域产学研深度融合

为充分引进外部创新优势资源，吉林市结合产业发展实际，针对性地同优质高校、科研院所开展交流合作。一是与中科院长春分院合作共建了中科院长春分院技术开发中心吉林市分中心，三年来累计开展各类科技交流、成果对接活动 30 次，推进“硝基化合物加氢制备芳胺关键技术及产业化”等 15 个项目转化、对接落地；二是与中国科学院苏州生物医学工程技术研究所合作共建了中国科学院苏州生物医学工程技术研究院吉林市工程技术研究院，两年来累计开展各类科技交流、成果对接活动 19 次，“数字 PCR 仪器及其试剂产业项目”和“新一代免疫检测技术”（IVD）等 6 个项目落地吉林市，累计投入扶持资金 4305 万元，此外，动员中国科学院苏州生物医学工程技术研究所设立了吉林市合作专项，支持本地医疗机构与其合作开展科研及应用项目，累计促成合作 20 项，中国科学院苏州生物医学工程技术研究所支持资金约 100 万元；三是与浙江大学合作共建了浙江大学吉林市技术转移中心，围绕重点领域和行业，加快推进了一大批吉浙合作项目，同时，引进浙江大学岑可法院士与东北电院开元科技有限公司共同成立了吉林浙达能源清洁利用技术有限公司；四是与吉林大学合作共建了吉林大学吉林市研究院，引进李颖、王菲、刘坤等 7 个专家团队在吉林创业并开展科研活动，研究院三年来累计开展各类科技交流、成果对接活动 29 次，“塑料光纤全光网信息化平台”“用于农业灾害监测的无人机系统的研究与开发”等 16 个项目实现了转化、对接、落地，累计扶持资金已达 500 万元。充分利用各类合作机遇，强化“走出去”和“请进来”，充分利用现有资源优势，加以科学整合，推动跨区域产学研深度融合，助力吉林市全面振兴、全方位振兴。

三、共建创新载体，共享创新资源，实现产学研融合可持续发展

按照“内部集成，外部联盟，重点引进”的思路，将本地重点高新技术企业等科技型企业与大学、科研院所的创新力量编组编队，大力推动细

分行业应用技术研究院建设。目前，已挂牌成立化工新材料助剂、特种纤维与复合材料、医学检验检测等20余家细分行业应用技术研究院，多项科技成果已实现产业化。围绕“6411”重点产业领域，探索建立了具有吉林市特色的新型智库体系，依托北华大学等驻吉高校优势和特长，成立了五个细分产业研究中心，重点强化提升战略规划和精准布局的能力，补齐产业战略规划短板。积极组织推进高新北区吉林市科技创新城等六大创新创业基地围绕聚焦发展的产业、深度合作的院校、重点建设的平台，加快创新发展步伐，天翔科技孵化器、东北电力大学科技产业园、食品区创新创业孵化基地二期、北华大学科技园等重点双创平台载体项目建设与发展加快，各基地创新创业资源要素集聚和支撑能力不断提升。聚焦新兴产业发展，谋划了北华大学冰雪科技创新中心、东北电力大学智慧能源（中丹智慧微电网）创新中心、5G与泛在电力物联网创新中心、吉林化工学院碳纤维产业创新中心、吉林医药学院临床检验检测创新中心等七个产业创新中心建设。下一步，将继续围绕市重点产业发展，持续优化校城融合“567”创新体系，不断发挥创新资源优势，推动产学研合作向纵深发展，实现产学研用结合可持续发展。

四、设立专项引导资金，加强税收优惠政策宣传，实现政府对产学研结合的宏观引领作用

近年来，市财政科技经费投入呈平稳增长态势，2016年投入经费3056万元，2017年投入4592.4万元，2018年投入4553.8万元，2019年投入6524.2万元（其中碳纤维企业电价补贴2064.5万元）。为了实现科技经费投入更加精准，市科技局于2019年调整了项目指南发布流程，采取同省厅相同的发布模式，提前一年发布次年项目指南并组织相关项目征集立项工作，根据立项项目数量和支持额度确定财政经费投入额度。为切实加大对企业的服务力度，加强对企业税收优惠等政策的宣传，并结合市委、市政府关于落实“六保”任务及开展“千人助万企”活动的部署，市科技局由局领导带队，邀请市统计局、市税务局、市科服集团公司相关工作人员参加，深入269家具有代表性的企业开展企业研发费用加计扣除和高新技术

企业申报等业务指导。加大科技投入供给，优化科技服务，加大政策宣传，引导企业增加科技投入。

五、大力扶持培养科技中介服务机构，助推产学研深度融合

围绕吉林市科技企业的现实需求，不断开放政府资源，积极鼓励动员社会化转移机构参与科技创新相关活动，赋能科技公司等一批社会化科技中介机构不断发展壮大。2018 年，吉林科创中心正式运行，设有科技成果转化、科技金融、科技政务、科技中介、科技成果发布、科技创业以及科技工作者社交等功能服务区，引进了涵盖知识产权和专利、投资、财务、法律等方面的社会化科技服务中介机构 15 家，创客团体 10 余个。为迎合领域发展的新趋势，借鉴国内一线城市的科技服务发展新模式，市科技局牵头组织顺诚公司和新发知识产权等 4 家公司共同成立了科服（吉林）科技集团有限公司，为科技创新活动提供一体化、专业化、多领域、全链条的科技服务。现该公司已注册完毕，作为市科技局的第三方服务机构，积极参与到复工复产、绩效评估、高新技术企业申报培训、基层财务培训、高校科研助理培训等科技工作中。下一步，将对接多方资源，同时，加大培育力度，不断提高第三方科技服务机构的服务能力和服务水平，助推产学研用深度融合。

六、不断完善政策体系，切实加快政策落地，营造创新氛围

为全面贯彻落实国家、省促进创新驱动发展的各项政策措施，完善有利于科技创新发展的政策环境，围绕工作实际，研究制定了更加灵活、更加开放、更加优惠的促进科技创新的相关政策措施，包括《中共吉林市委吉林市人民政府关于加快提升科技创新能力的实施意见》《关于促进新一代人工智能产业发展的实施意见》《关于创建吉林市重大创新创业基地的通知》《关于印发吉林市科技中小企业和知识产权质押贷款资助暂行办法的通知》《吉林市科技中小企业专利权质押贷款资助实施细则》《吉林市科技创新发展计划项目管理办法》《吉林市市级科研计划项目科研诚信管理办法》《吉

林市市级科研计划项目管理惩戒处理实施办法》《吉林市科技企业孵化器和众创空间管理办法》等，形成了有利于支持科技创新的“1+N”政策体系，为产学研用协同创新营造了氛围。下一步，将大胆探索和制定有利于创新创业的相关政策，提升科技创新政策的普惠性和灵活度，不断优化“双创”环境，完善“双创”体制机制，为“双创”工作营造良好的工作氛围。

第九章 政产学研用融合创新体系的政策规划与保障机制构建

第一节　政产学研用融合创新体系的内涵与特点

一、政产学研用融合创新体系的内涵

从本质上来看，政产学研用协同创新是企业、高校和科研机构三种创新主体，按照利益共享、风险共担和优势互补的原则，以市场为导向共同进行技术创新，在政府等外部主体的协作下，实现从科研到产品再到市场的良性循环的一种创新形式。政产学研用协同创新的内涵包括主体、核心、目的等基本要素。主体分为内部和外部两类主体，内部主体包括企业、高校以及科研机构，外部主体包括政府和社会中介组织等机构以及目标用户；目的是加快技术转移和科技成果的转化；核心是协同技术创新。

据此，将政产学研用的内涵界定为：企业、高校和科研机构等内部主体，在政府和科技中介组织等外部主体的支持下，根据目标用户需求，发挥自身优势，协调、整合技术创新要素，加快技术转移和科技成果转化的全过程。

二、政产学研用融合创新体系的特点

（一）政府发挥引导、协调与规范协同创新的重要作用

一方面，受到计划经济体制的约束，在重工业和国防科技领域，许多

重大项目的研究都是在政府的指令下完成的。另一方面，在市场经济体制下，政府通过宏观调控手段，重点营造协同创新的政策法制环境，充分发挥政府的宏观调控、统筹规划、协调指导和组织实施的作用。

（二）企业在融合创新体系中的主导地位得以巩固

在以企业为主体、市场为导向的政产学研用协同创新体系中，企业既是分析创新需求的主体，又是科技成果应用的主体；既是资本投入的主体，又是承担风险的主体。因此，从开始技术创新到科技成果转化，都需要企业的支撑，而其他主体都是围绕企业进行活动，协助企业完成技术创新的目标。

（三）体现创新型国家时代特色的技术创新模式尚在探索中

产学研协同创新已有多种模式，但这些模式仍有局限性，主要是企业与高校、科研院所项目上点对点的结构模式，缺乏高层次、全方位、有深度的合作。这种模式能够降低创新风险，节约研发成本，但是对于企业技术创新能力的提高作用较小。其组织形式比较松散，一般以短期的临时组合、突击研发和购买成果为主，主要以技术转让、咨询和委托开发的形式存在，缺乏持续性合作的保障机制。因此，需要通过体制机制创新协调，整合协同创新的各要素，最大限度提升技术创新能力。

（四）未充分凸显市场导向在协同创新过程中的作用

市场是带动技术创新的驱动力，决定创新主体的创新方向，以及协同创新的产出。政府根据市场需要确定引导政策，而创新主体需要依据市场规律决定创新活动。但政府在传统产学研结合中往往忽视市场需求，导致政策脱离现实，高校和科研院所的科研工作与市场脱节，一方面，企业在产品开发、工艺创新等方面缺乏新技术支持；另一方面，高校和科研机构的研究成果难以转化，这种供需脱节的现象是制约产学研深度融合的痼疾。

第二节　政产学研用融合创新的政策规划

一、强化规划引领，夯实各方协同基础

产学研的核心是创新与应用，首先主体是企业，其次是高校和科研院所。要突出和强化企业的主体地位，发挥企业项目的引导作用，通过资金与政策支持调动企业特别是民营企业和中小企业的积极性。高校、科研院所则要建立“三个延伸”机制，即“向上延伸”聚集国际高端技术资源与人才，“向下延伸”对接产业转型重大需求，“向内延伸”激活多学科创新资源联合攻关。企业、科研院所、高校之间要健全创新成果收益各方的交流互动机制，推动产学研合作更系统、更紧密、更持久。

将产学研协同创新纳入地方经济社会发展规划，与产业发展同步规划，与科技创新同步升级，结合创新驱动发展战略、区域协调发展战略等重大战略的实施，同步规划产学研协同创新的政策措施、支持方式和实现途径，全面推进依法行政，加快转变政府职能，创新政府管理方式，加强产学研协同创新的战略、规划、政策、标准的制定和实施，强化公共服务能力建设，打破分割，充分汇聚国内外创新资源，加强各类创新主体在技术、人才、平台、资金和管理方面的合作，推动企业、高校、科研院所、社会组织等主体协同创新，促进产业链、创新链、资金链深度融合。深化与重点高校、大院大所的合作，与创新能力强的国家和地区的合作，构建产业创新高端合作伙伴关系网络，打造高端创新资源集聚区。支持有条件的企业到发达国家建立研发机构，与海外企业建立国际产业技术创新联盟，充分利用国际高端创新资源。

二、注重交叉融合，完善双核驱动

创新要素的分类与融合，催生了产学研组织方式的多元化。协同创新的相关方都可成为产学研合作的组织者。就产学研协同创新来说，项目与

人才应作为两大核心要素。项目要突出“用”的主体地位，将长远设置、精度设置、有效设置结合起来；项目管理要以“用”为主，充分尊重“用”的主体意见；要以结果为导向，完善产学研协同创新的考核体系，提升产学研协同创新的社会效益。围绕项目与人才形成交叉融合的生态系统，完善项目与人才的“双核驱动”。

以“人”为中心，推进产学研协同创新向“产”主体转变。为此，进一步健全人才流动、合理使用及相关激励机制，加大对优秀人才的表彰和奖励力度，鼓励科技人员在企业、高校、科研院所之间流动兼职。有效搭建引才平台，大力开展招才引智“全国行”“全球行”，定期组织企业赴国内外知名高校招才引智，推动高层次人才向企业一线集聚。引导并支持产学研相关方深度参与高校教育教学改革，协同进行专业建设规划、人才培养方案制定、课程教材开发、实习实训、考核评价，在人才培养、技术创新、就业创业、社会服务、文化传承等方面开展多形式校企合作，如共建应用技术研发中心、技能大师工作室、创新创业教育实践平台等。推动建设专业化技术经纪人队伍，加大对高技能人才和紧缺专业人才的培养力度，同时，加强科技成果转移转化队伍建设，设置技术转移专职岗位，鼓励科研人员到园区、企业、农村等基层一线从事技术转移工作。

三、加快平台建设，完善转化通道

重视园区建设，以组织、知识、利益为纽带，打造完善的产学研协同创新平台并逐步融入各主体发展规划之中。同时，完善平台作用，通过优质服务提升产学研协同创新的有效性。深化金融领域改革，拓宽产学研融资渠道，降低融资成本；健全多层次资本市场，推动区域性股权市场规范发展，鼓励产学研证券化。引导各类创业投资基金向小微企业倾斜，完善中小微企业公共服务平台网络，建立信息互联互通机制，为中小微企业提供专业化服务。完善以企业需求为导向、高校和科研机构为源头、技术转移和成果转化服务为纽带、产学研协同创新的技术市场服务体系。加快技术产权交易市场建设，探索市场化运营机制，健全省、市、县三级技术转移工作网络，构建技术转移信息服务“一张网”；加快技术转移体系建设，推进科技成果转化和产业化。

四、依托合作主体，推动政策落地

充分利用现有渠道，加大财政资金对产学研主体的支持，为产学研创造良好政策环境。完善支持协同创新的政府采购政策，推动产学研创新产品的研发和规模化应用。实施有利于产学研协同创新的税收政策，财政、税务部门要把产学研协同创新作为落实结构性减税政策，推进“降成本、补短板”的重要举措，切实减轻产学研主体特别是企业的税收负担。

尽快出台人才评价实施细则，调动科研人员开展产业化研究和成果转化的积极性。强化科技、财政、投资、税收、人才、知识产权等政策协同、衔接、落实和配套，落实好科技改革政策，切实把政策效应最大限度地发挥出来，把改革红利充分释放出来。同时，切实加强督促检查，强化政策落实的主体责任，加强督查问效，推动改革政策精准落地。

第三节　创新政产学研用融合体系的保障机制

一、项目有效设置机制

使用市场研究、技术路线、技术搜索、技术路标等工具，使产学研协同创新的各方主体能够合理评估创新活动所产生的价值，从而进行理性的前期投入。产学研合作要深入，基于项目的合作伙伴至关重要。地方政府、行业企业、高等学校、科研院所合作前都要判断对方有无不可替代的资源，对方的优势与自身是否具有互补性，各方合作是否具有持久性，是否能够形成持久性的关系资本，在具体合作前也可采取招投标的办法来了解对方的实力。在项目实施前，产学研合作必须有可靠坚实的基础，企业发布的需求信息必须真实有效，科研人员的供给也必须真实有效，其他相关方提供的信息必须真实有效。项目的有效设置，是产学研协同创新的重要前提。

二、平台高效管理机制

平台依托单位直属的实体性研究和人才培养机构，与高校、科研院所或科技园区保持密切合作，实行单列计划、单独考核、单独管理、单独核算的办法。高端合作平台要与依托单位签订目标管理协议，接受依托单位年度评审和专家检查评估，建立民主开放的内部治理结构。与现行组织结构不同的是，高端合作平台的组织结构将突出科研人员的核心地位，强化行政、职能部门的服务功能，创设宽松自由的学习环境；要建立并完善平台的决策、咨询与指导、执行的组织构架，实施契约化管理。

完善政府专项基金使用机制，建立“基础性+竞争性”的拨款方式，合理分配产学研专项基金。充分利用协同创新平台优势，整合本地资本，引进外来资本，营造灵活的多元化投融资环境，促使企业、资本、政府间精准对接；政府引导资金扶持、资金奖励及天使基金的合理使用，通过前期到中期创投跟进、后期风投接力的链式投融资，建立起稳固的产学研资金保障机制。

产学研合作各方既要有共同获取利益的美好愿望，也要有共同承担风险的思想准备，需要在权利义务、资金管理、利益分配、产业化运作、知识产权归属等问题上达成利益平衡点，建立起产学研合作的利益共享、风险共担的法律保障机制。通过科研成果定价机制、利益分配机制等，保障产学研协同创新相关各方的利益。

产学研合作各方要建立网络化、扁平化、交互性的信息沟通机制，通过建设全国、全省信息服务“一张网”，及时发布应用型人才和技术技能人才需求现状、需求趋势，以及地区产业的发展状况、发展趋势、产学研合作项目等信息；推动成果专题对接洽谈，加快技术产权交易市场建设与成果转化；以专业机构打造线上线下相结合的产学研合作立体网络。

三、项目后期保障机制

单个项目的完成只标志着阶段性任务的完成，项目后续保障是项目结束后的服务工作，如协同创新的质量评价、后续保障以及再开发等。后续保障工作做得好能够确保协同创新相关各方的利益，提高产学研再度合作的成功率。基于项目成果的再开发，也可能是更高层次的产学研协同创新。为此，要进一步完善产学研协同创新的质量评价体系，更加明晰参与主体的责任与义务，不断提高产学研协同创新的质量与效益。同时，要明确评价的主体和客体，明晰评价主体对产学研协同创新的认可程度、对其他参与者的认可程度，并形成整体评价体系与成果报告，剔除不合格参与者，为产学研各方的深度合作、稳定合作和长期合作提供政策依据。

第四节　构建政产学研用一体化的法律保障体系

一、政产学研用协同创新相关法律法规与政策考量

法律与政策是现代社会调控和治国互为补充的两种手段，在我国加快推进产学研结合的进程中，各自发挥着其独特的作用，是重要的基础性保障。法律法规的制定以政策为依据，通过法律形式把党的政策国家意志化，法律法规的实施离不开政策的辅助与补充。在产学研结合实践中，产学研结合政策与产学研结合法律并存是客观现实，产学研结合法律相对稳定、规范，而各级部门颁行的产学研结合政策则便于法律制度的贯彻和执行，增强法律的可操作性，其具有很强的灵活性，便于根据社会经济条件的变化及时规范和指导各类主体的行为，实现法律设定的预期目标。因此，二者相得益彰，优势互补，合理并存，形成有机统一的体系。

二、政产学研用协同创新相关法律法规与政策梳理和评价

20 世纪 70 年代开始，我国政府已经意识到法律和政策对产学研结合的重要性，并初步尝试推出了一系列法律法规和政策，在推动我国产学研结合的发展过程中起到了重要的作用。这些法律法规和政策主要分为三种类型：第一类为全国人大指定的基本法律，包括《中华人民共和国科学技术进步法》《中华人民共和国促进科技成果转化法》《中华人民共和国合同法》

《中华人民共和国专利法》《中华人民共和国著作权法》《中华人民共和国中小企业促进法》。第二类为国务院及各部委制定的法规、规章、规范性文件，包括《国家科学技术奖励条例》及其实施条例、1984 年的《中共中央关于经济体制改革的决定》和《中共中央关于教育体制改革的决定》、1995 年的《中共中央　国务院关于加速科学技术进步的决定》、1999 年的《关于加强技术创新，发展高科技，实现产业化的决定》、2006 年国务院发布的《国家中长期科学和技术发展规划纲要（2006—2020 年）》、2002 年科技部出台的《关于大力发展科技中介机构的意见》与科技部和财政部联合发布的《关于国有高新技术企业开展股权激励试点工作的指导意见》、2009 年科技部、教育部等多部委联合发布的《关于动员广大科技人员服务企业的意见》和《关于国家科研计划项目研究成果知识产权管理的若干规定》等。第三类为地方性法规和政策。许多地方政府根据《中华人民共和国科学技术进步法》制定了专门的促进地方产学研结合的具体措施。以上这些法律法规和政策的内容差不多覆盖了产学研结合的主要领域，均以促进产学研结合为目标，但仍存在诸多问题：一是缺乏宏观上的整体协调。法律法规错综复杂，缺乏衔接，许多规定过于原则化，缺乏实际可操作性。二是系统性和针对性不足。尚没有针对政产学研用协同创新的专门立法，基本制度建设还不健全，现有政策法规内容还存在缺失。三是与政产学研用协同创新法律制度配套的激励和促进协同创新的政策和措施不到位。

三、完善我国政产学研用协同创新的政策法规体系的构想

（一）完善我国政产学研用协同创新的政策法规体系的思路

虽然《国家中长期科学和技术发展规划纲要（2006—2020 年）》把产学研结合作为建设中国特色国家创新体系的突破口，明确了产学研结合的战略地位。但从国家战略方面来说，促进政产学研用协同创新发展需要立法巩固和法律升华；从政产学研用协同创新的自身特点来说，协同创新涉及多方主体，关系复杂，现有的规定过于分散，难以对其进行规制和调整；从协同创新的过程来说，存在诸多法律风险，包括协同创新的管理和运行机制、主体间的利益分配、合作协议的签署、知识产权的归属、商业秘密

的保护等。因此，提升大学、科研院所的知识创新能力和企业的技术创新能力，实现两种能力的有机结合、良性互动和融合发展，实现产学研的有效结合，必须构建适合其需要的政策法规体系，围绕激励、促进、规范政产学研用协同创新的总目标，健全不同的法律制度，推进相应政策，从而形成一个具有内在有机联系的体系。这一政策法规体系的结构应当反映协同创新的特性，体现政策法规之间的关系，包含一定的核心政策法规问题，而且随着我国政产学研用协同创新的发展和需要，呈现出开放性的体系结构特点。体系完善的路径主要是推进立法，注重衔接，加强重点、难点问题的制度建设。

（二）政产学研用协同创新的政策法规体系的基本框架

政产学研用协同创新既有企业、高校、科研机构等创新主体，又有政府科技中介服务机构、金融机构等其他主体，涉及社会多个领域。因此，政产学研用协同创新的政策法规体系涉及不同部门的法律法规和公共政策，既有公法又有私法，横跨科技类、民事类、经济类相关法规，既包括法律法规的完善，又有相应政策措施的健全，多学科相互交叉，结构较为复杂。政产学研用协同创新的政策法规体系的基本框架要以规范政产学研用协同创新行为的基本法律规范为主，包括主要的法律制度和与主要法律制度配套的政策体系和地方性政策法规体系，构建了一个相对完整的政产学研用协同创新的政策法规体系。

1. 制定规范政产学研用协同创新的基本法律制度

适时进行专门针对政产学研用协同创新的基本立法，要以科学发展观为指导，围绕国家科技法律发展的趋势，借鉴吸收国外立法的成功经验，并根据我国具体国情加以创新；要与现有的相关规定保持协调，体现《国家中长期科学和技术发展规划纲要（2006—2020 年）》等纲领性文件的基本思想和战略目标，减少与科技基本法的冲突，注重与其他相关法律制度的协调；立法过程中要处理好公法与私法、国内立法与国际规则、中央立法与地方性法规、法律法规与科技政策之间的关系，注重整个法律体系的完整性；充分考虑国内外有效法律保障措施，根据我国法制政策的总体环境和对具体法律的需求，确保法律的可行性和可操作性。基本法律制度的制定应系统地解决政产学研用协同创新中的各种法律问题，内容涉及适用范围、立法原则、协同创新的协调机制、科技成果转化机制、评价考核机制、公共服务机制等。明确协同创新各主体的角色定位，强调政府的各项职责，规定企业、高校、科研机构内部主体的权利义务并协调它们之间的关系，加强科技中介机构管理运行和科技服务体系建设，规范激励和监督措施、法律责任等。

2. 健全主要的法律制度

促进协同创新需要搭建合理的法律框架，但基于政产学研用协同创新的复杂性，单靠一部集中立法解决不了所有问题，需要综合性法律制度保障体系。①政产学研用协同创新的资源配置法律制度。资源配置是政产学研用协同创新的基本前提。协同创新客观上要求人、财、物等资源在企业、高校、科研机构等创新主体得到合理配置。各主体不仅需要通过自身解决资源配置问题，更需要政府提供促进资源配置的法律制度。其中，资金短缺是制约产学研结合的主要因素，高校和科研机构本身不具备自我转化的资金能力，而企业因不愿意承担科技成果转化的全部风险而放弃技术创新活动，金融机构则面临内部风险防范的约束，致使产学研合作项目从基础研究、中试到产业化各环节都存在金融支持不足的问题。因此，国家有必要建立适应政产学研用协同创新需要的投融资法律制度，主要涉及信贷、融资、担保等金融领域，基金管理使用和风险投资等投资领域，以及相关的财政法律制度和税收法律制度。②政产学研用协同创新的利益保障法律制度。利益的分配和平衡是协同创新的另一重点。协同创新的顺利进行需要消除各主体对保障自身利益的顾虑，因此，必须保障各主体在知识产权归属和科技成果转化过程中的权益。具体地说，协同创新的利益保障法律制度包括政产学研用协同创新各方主体的权利义务关系和利益分配、风险承担主体、合作协议的签署、知识产权的归属、商业秘密的保护、侵犯创新成果权益的制裁等方面，涉及《中华人民共和国专利法》《中华人民共和国商标法》《中华人民共和国著作权法》《中华人民共和国合同法》《中华人民共和国侵权责任法》《中华人民共和国反不正当竞争法》等具体法律以及相应的行政法规和部门规章。以我国现有的知识产权、合同、侵权等相关法律制度为基础，根据政产学研用协同创新的特征，强化利益保障的法律支持，具体包括进一步细化协同创新的知识产权、商业秘密保护等法律制度，明确各主体对知识产权的所有和使用权益，加强产学研合作协议的规范与管理等。③政产学研用协同创新的运行法律制度。信息共享、有效沟通是保障政产学研用协同创新顺利运行的关键。但目前我国协同创新的现状是，各主体之间无法完全实现信息共享，并缺乏有效沟通。具体来说，企业虽有充足的资金，但却无法满足对知识、人才以及技术的需求，而高校和科研机构虽有技术创新的能力和成果，但这些成果往往因不能转化而搁置，均因为各主体之间的共享渠道不畅通，无法进行科技信息交流。因此，完整的科技中介服务体系对产学研结合运行至关重要。

技术转移是协同创新的内在要求。高校和科研机构在协同创新的过程中提供知识、人才和技术，主要负责基础研究和应用研究，但对技术转移给企业时所要承担的义务不明确。高校中负责技术转移工作的多是科技处，专业化程度不够；而科研机构在我国的法律地位尚不明确，法律依据的缺乏导致其体制、管理和分配机制均无法统一；这些原因造成了高校和科研机构转移技术时效果大打折扣、效率低下等问题。因此，完善高校和科研机构技术转移的法律制度，明确其在技术转移过程中的义务很有必要。科技中介机构的作用是提供全面的科技信息、资源配置、技术转移和科技成果转化，并可以作为创新主体进行合作的平台，是政府、科研院所，高校、企业等不同的利益主体之间的纽带和桥梁，能够激活创新要素的流动和促进科技成果的转化。因此，需要规范、促进科技中介服务机构建设的法律制度，完善科技中介机构的管理、运行、权益保障、专业人才培养等机制，充分有效发挥科技中介机构整合各类资源的作用，建设完善的科技中介服务体系，使创新主体之间、内外主体之间更好地分工与协作，推进产学研的结合。

3. 完善服务于政产学研用协同创新法律制度配套的政策体系

法律制度的有效实施还需要有与其配套的政策体系来支撑。我国政产学研用协同创新尚处于摸索发展阶段，在国家创新体系正在建设的大背景下，新现象、新问题层出不穷，置于合理的法律制度框架下，完善和创新配套的一系列政策，有利于法律制度的具体贯彻和实施，也便于面对新问题，及时回应调整，使激励、引导、促进协同创新产生实效。在着力建构服务于协同创新法律制度配套的政策体系时应注重：在资源配置上，发挥财政资金的引导作用，实施经费后补助和贷款贴息等措施；通过健全风险投资机制和信用担保制度，促进各类金融机构及创业投资等多元化资本创新金融产品的发展，引导建立多渠道科技投融资体系，完善科技计划制度和政府采购政策；在利益保障上，促进有效科技成果转化机制的建立，提升我国创造、运用、保护和管理知识产权的能力，推进政产学研用结合，促进技术转移与成果转化；完善引导协同创新的评价激励机制；建立和完善促进科技中介机构发展的运行管理和激励机制，提升中介机构的服务能力，形成专业化的科技中介服务体系。

4. 强化地方性政策法规支撑体系建设

我国政产学研用协同创新虽有一般特性，但也具有明显的地域特色，因此，发挥各地方在政产学研用协同创新的优势，建立区域性政产学研用协同创新体系，就要因地制宜，建立健全符合当地情形的法规政策体系。地方政府不应只是能够贯彻落实国家规划、法律法规，更应针对国家在法律政策上的空位和缺位情况，强化地方政府在地方性法规政策制定中的职能，立足地方政产学研用协同创新的特点，根据本地实际，制定切合实际的地方性法规和相配套的具体引导政策，构建地方性政策法规支撑体系。

第五节　构建政产学研用融合创新体系的实践
——基于协同创新中心模式的探索

政产学研用协同创新是提高我国产业技术创新能力的关键途径之一，但在实践中却面临着五个难以深度融合的问题。由苏州大学牵头成立的苏州纳米科技协同创新中心经过近几年的实践探索，建立了新的政产学研用协同创新模式，这一模式的核心是以共性问题需求为导向，加强高校与政府、企业、行业的开放共享，有效整合散落各处的创新资源，实现“创新裂变”向“创新聚变”的转变，取得了显著的实践效果。

2017 年 1 月，教育部等发布了《统筹推进世界一流大学和一流学科建设实施办法（暂行）》，明确要求产学研深度融合，实现合作办学、合作育人。2019 年 10 月，《国家产教融合建设试点实施方案》强调，深化产教融合，促进教育链、人才链与产业链、创新链有机衔接。作为高校深化机制体制改革的先行区，苏州纳米科学协同创新中心（以下简称“协同中心”）借鉴斯坦福—硅谷模式，大力推动更深层次的政产学研用合作、多学科和多行业的交叉融合，真正形成面向区域产业发展需求的协同机制，构建制度先进的协同创新生态系统。

一、构建战略协同机制

（一）以需求为导向建立协同目标

协同中心始终以提升行业关键技术的解决能力、有效推进重大成果转化和为地方经济建设服务为目标进行顶层设计，全面对接苏州工业园区纳米技术领域的五大重点产业领域，确定实施五项重大任务，实现紧密结合、长期稳定的多学科、多产业协同创新，形成重大需求导向统一的战略目标，即整合前端的基础研究、中端的技术服务、后端的成果孵化与投融资，形成具有国际竞争力的纳米创新产业链；建立新型政产学研用深度合作机制，集聚和培养纳米领域拔尖创新人才，构建国际化的纳米创新资源配置平台，形成具有国际影响的纳米学科群。

（二）以目标为导向深化改革

协同中心构建了科学有效的组织管理体系，实现各方职责利益的有效协调，激发内生活力，提升协同效率。实行理事会领导下的中心主任负责制，其中，理事会是协同中心的最高决策和监督机构，由苏州工业园区政府领导、协同单位领导等组成，负责重大事务协商与决策，协同中心主任由理事会任命。管理委员会是协同中心常设的执行机构，在协同中心主任的领导下负责协同中心的日常运行与管理。中心设常务副主任一名，根据需要由中心主任提名设副主任若干名，报理事会批准通过。协同中心下设科研部、产业与合作部、学科部、综合部四个管理部门，由协同中心管理委员会直接领导。科研部、产业与合作部、学科部分别负责协同中心科研、产业与合作以及人才培养工作的日常管理及相关事务。综合部负责协调落实科研、学科、产业与合作三个部门的工作规划与决策，以及协同中心其他日常事务。协同中心内部设立六个专业中心，包括微纳柔性制造、纳米光电器件与材料、微纳机电制造、纳米环保材料、纳米药物与医用材料和纳米能源材料专业中心。六个专业中心全面对接区域重点产业领域与产品，进行产业共性技术研发、中试工程化、成果转化等工作。此外，协同中心建立了科技委员会、顾问及咨询委员会，对协同中心发展战略规划、学术方向、人才队伍建设、产业化等提供咨询和建议，促进协同中心的对外交流。

（三）建立交叉融合的科研组织模式、大学和企业研发混合团队、科研成果转移转化的保障机制

协同中心紧密围绕国家和区域发展的重大需求，实施以“任务”为牵引的科研协作模式，调整优化科研布局、顶层设计，成立六个面向区域发展重大任务的专业中心，在协同创新中不断发现和解决重大问题。建立以政府为主导的重大协同创新项目、以创新联盟为主导的共性技术和关键技术以及以企业为主导的纳米技术产品等协同创新机制，建立科研成果的“沿途下蛋”机制，形成可持续发展、充满活力和各具特色的科研组织模式。企业开放研发岗位，以事业部模式承担科研任务，高校人员兼任科技副总和事业部人员，企业配套工程技术人员。以原创性技术创新、重要器件和重大装备研发应用为重点，推进团队合作与协同创新。高校科研人员参与企业预研项目，解决前瞻性科学问题，企业人员解决技术创新难题。通过产学研团队的全面融合，解决“玻璃墙”和“接轨难”的问题。在苏州工业园区的纳米产业载体中设立技术转移转化基地，通过实施筛选、整合、转化的机制，促进科技创新成果转化和产业化。

（四）资源优化配置机制

协同中心按照“开放、共享、有偿”的原则，汇聚政府、企业、高校及技术转移机构等多方资源，为企业技术创新提供支撑。苏州工业园区制定并实施了《关于进一步促进“苏州纳米科技协同创新中心”发展的若干意见（试行）》等文件，充分利用园区的纳米科技资源优势，通过园区管委会对资源的统筹，结合区域产业发展规划、学科建设和科研需求，按照“谁投入、谁所有、共享使用”的原则，汇聚各方资源，实现集中管理，共

享使用。建设共享协作网络，提供考核运营补贴。协同中心建设了科技服务平台共享协作网，对相关服务设备统一管理，实时、动态地向社会发布信息，规范资源申请、服务、管理、绩效评估等工作流程。每年与各协同单位签订年度目标责任书，明确年度绩效任务及目标，并对资源运行情况进行监督及绩效评估。根据协作网运行记录，评估服务时间和质量等，由协同中心给予平台依托单位补贴。各协同单位聚集在苏州工业园区独墅湖科教创新区内，在创新基地—加工测试平台—中试基地—公共服务平台—产业化基地的创新链上实现优势资源汇聚及共享，进一步突破校际合作障碍，为协同增效提供了有力支持和保障，对聚集各方要素产生强大的吸引力，进一步形成了巨大的创新力和产业转化能力。中心现有价值 20 万元以上各类仪器设备近 700 台（套），折合设备价值近 6 亿元，近 5 年服务地方纳米技术企业与相关单位超过 15 万家次。

二、完善人事管理和考核评价机制

（一）人员开放、流动和有吸引力、凝聚力的人事管理制度

协同中心享有相对独立的人事权，人员在“流动不调动，编制仍归属原单位”的基础上，由协同中心会同各单位以聘期和任务牵引相结合的模式制定聘用办法，实施统一聘用，并制定人才准入和退出机制。建立任务牵引、全员聘任、目标管理、绩效考评的人才队伍管理运行模式，积极促进高水平科学研究的交叉、集成和融合，积极打造纳米科技国际一流的“人才特区”，探索新的人力资源协同机制。第一，按需设岗。围绕任务需求，建立固定人员、兼聘人员、访问流动人员三大聘用体系。固定和兼聘人员分为科研为主岗、科研教学岗、教学为主岗、技术服务岗、管理服务岗。访问流动人员包括国内外学术顾问、讲座和客座教授、海外合约专家、企业兼职教授、访问学者等。目前，组建了知识结构合理的研究团队，现有固定人员 218 人，其中，研究人员 197 人，管理和技术人员 21 人，包括两院院士 3 人、国家“杰青”18 人、访问与流动人员 83 人。第二，会聚引进。协同中心根据任务需求，通过整合协同单位现有人员和面向全球自主招聘的方式会聚科研等各类人员。各协同单位新引进成员需与纳米技术领

域有关联，达到现有协同中心成员的平均水平。拟引进人员可采取个人自荐和协同单位推荐相结合的方式，向相关专业中心提交加入申请报告，经管理委员会讨论并报协同中心主任批准后，在理事会审查备案，引进人员身份保留在原单位。对于各协同单位原有成员，其科研创新活动需围绕协同中心规划的发展方向进行，按协同中心业绩点计算方法的 50% 计算业绩点，业绩点需累计达到协同中心成员的平均水平。同时，协同中心建立了退出机制，可在任务结束后不再续聘退出中心，或因聘期考核不合格而解聘，成员退出后，其在专业中心的经费及绩效份额收归协同中心。协同中心根据六大专业中心对首席科学家、中青年骨干的需求计划，面向全球招聘，实施“核心教授 + 创新团队”引进模式，以引进的核心教授为负责人，全权委托这些核心教授参照国际水平组建创新团队。各协同高校和科研院所参照人才特区模式对专业中心主任予以充分自主权，所需经费与资源由协同中心配置。第三，重点培养。协同中心设立青年人才培养基金，实施各类青年人才培养计划，提升基本科研队伍质量和发展潜力，重点包括青年人才国际培养计划、企业技术副总计划等。

（二）创新考核评价激励机制

第一，目标导向，分类管理。采取“协同中心对专业中心、专业中心对团队、团队对成员”的逐层目标分解落实方式，实行目标导向的分类管理，对科研、教学、产业化、管理等制定不同的目标任务和绩效考核指标。协同中心每年召开考评会，对各专业中心进行考核，坚持定性考核与定量考核相结合，由各专业中心年度报告（占 25%）、现场答辩（占 60%）、日常运行参与度（占 15%）三部分组成，根据考评结果，确定各专业中心年度经费。第二，分类指导，科学评价。签订个性化的协议（包括工作任务和职责），根据贡献类别的不同，建立以质量为基础的人才评价和考核指标体系，对于高端人才，以中长期、聘期考核为主，改变学术研究中急功近利的倾向。注重创新的细节和过程，以实质性进展和实际贡献作为绩效评价依据，分类评价，鼓励探索，容许失败。第三，薪酬激励，绩效考核。聘任为协同中心的兼聘、访问流动人员的由协同中心提供与任务、岗位和贡献挂钩的综合绩效，基本工资由各协同单位按原薪酬体系发放。对聘任的专职固定人员（特聘教授）实施年薪制，明确给予有国际竞争力的岗位津贴和安家补贴等。绩效考核以逐层考核方式进行，制定并实施《科研绩效考核实施细则》《教学绩效管理办法》等，依据考核结果以“绩效奖励”方式向各专业中心发放，各专业中心按需制定绩效发放办法，报协同中心批准通过后实施。第四，管理和支撑人员分为高级、中级、初级三个层级。通过建立以岗位聘用为核心的用人制度和以体现岗位绩效为核心的薪酬制度，倡导高效管理、重在服务的管理服务理念，淡化行政职级，实行职员制，建立人员的遴选、使用、评价、激励和淘汰机制。通过扎实的体制机制改革，协同中心建成了管理、科研、资源、产业的特区，协同创新机制改革成效显著，各参与个人、单位的发展目标和协同中心的发展目标高度统一，形成基础研究创新、应用和产业化的完整链条。促进纳米科技协同创新能力提升，成果的应用和产业化，已经成为各协同单位和个人的强大内生动力，变“为了协同而协同”为“为了自身发展而协同”。

三、建立健全人才培养机制

（一）创新地方政府与高校联动的人才引进模式

一是联合引进国际领军人才。由苏州工业园区与苏州大学联合引进纳米科技国际领军人才，具体由协同中心给予领军人才、产业教授等编制，借助苏州工业园区面向全球招募领军人才的优势，从产业界引进一大批国际领军人才落户中心，区域纳米科技招商和学科人才引进相结合，目前已成为吸引高端人才落户的重要手段。二是联合实施柔性人才引进。鼓励协同高校从园区企业聘请企业家兼职教授进行产学研合作、人才培养，在聘用期内给予绩效补贴。推动高校院所科研人员深入企业建设协同工作站，担任企业技术副总，了解行业企业发展的技术需求，引导科研团队围绕行业共性技术进行攻关。实施“海鸥计划”，打破人才流动中的刚性制约，在不改变和影响人才与所属单位人事关系的前提下，以契约管理为基础引进高层次海外人才，担任讲座或客座教授，建立国际著名科学家联合实验室。三是联合实施人才交流计划。由苏州工业园区与协同中心共同实施纳米科技特派员制度，各协同单位互派人员挂职，含高校人员到政府挂职类和政府人员到高校工作类，人员编制归属原单位，由苏州工业园区和协同中心给予其相关待遇和经费补贴。

（二）建立协同育人的人才培养模式

协同中心始终将培养拔尖人才作为中心的重要任务，以国家试点学院苏州大学纳米科学技术学院为主体，联合协同单位共建苏州联合纳米学院，已建成本科—硕士—博士—博士后—青年教师的全链条、贯通式纳米人才培养体系，成为高等教育体制机制改革特区。第一，协同中心提出了“具有创新思维能力、具备学科交叉优势、拥有国际化视野”的纳米科技创新人才培养理念。经过实践，形成了立足教科融合、学科融合、国际融合的创新人才“三融合”培养模式。各协同单位独立招生，授予学位，在培养环节推进师资与课程共享，跨校学分互认，推动人才培养机制改革创新。同时，从制度上保障人才培养模式的推进，制定并实施了《关于建设联合纳米学院、促进学生协同培养的实施意见》等。实施本科生全程导师制，导师按照“做人第一，修业第二”的要求，秉承“寓教于研”的培养原则，加强对学生德育和学业的指导，增进师生交流，营造全员育人的良好氛围。大一新生通过随机分配确定导师，导师主要扮演学业导师的角色；从大二开始，所有学生和导师进行双向选择，导师承担学术导师的职责，指导本科生逐步参与纳米科研活动；从大三开始，学生全部进入实验室进行综合性训练，参与课题研究。第二，依托国际交流合作平台，与国外高校和机构开展合作“3+1+1”和“2+2”等联合培养项目，推进学生国际协同培养。在本科生交流互访方面，与加拿大西安大略大学等开展短期交流合作，每年定期开展学生交流项目，实现学分互认。研究生培养以本—硕—博、硕—博长周期模式为主体，鼓励研究生自主提出科研设想并开展科学实验。通过设立专项资金资助优秀研究生参加国际学术论坛、学术会议和短期培训，充分利用国家公派研究生项目，选派优秀博士生参加国内外联合培养，提升研究生培养的国际化程度。第三，储备青年纳米才俊，为优化协同中心高校队伍结构及满足区域发展需求，全面实施“为行业储才”的人才战略，重视高层次青年人才的培养与储备。实施开展“1+1 优秀博士后国际联合培养项目”“青年科学家海外交流合作项目”，培养具有国际化视野的顶尖青年人才，协同中心每年设立专项资金选派优秀博士后及青年科学家赴海外（境外）知名高校或实验室进行科研交流，选拔各协同单位中优秀的青年人才，扶持他们与国际名校开展长期学术合作，通过面向学术前沿的合作项目拓展其国际视野，提高其研发水平，为中心的团队建设提供可持续发展的高水平人才支撑，强化科研中坚力量。第四，面向区域人才需求，建立与产业深度交融的产业导向型人才培养体系，实施灵活的导师制，全面引入企业兼职教授，通过专项资金的扶持，聘请园区纳米企业高管担任本科生实习导师及研究生课题导师，满足区域纳米产业蓬勃发展对人才的重大需求。通过践行协同育人，协同中心已成为纳米科技创新人才培养的示范基地，获 2018 年国家级教学成果奖二等奖。

四、聚焦科学前沿创新，服务国家和区域重大需求

（一）聚焦区域重大需求，推动科技协同创新

协同中心围绕纳米科技的关键科学问题和国家重大需求，凝练重大任务，深化“创新链”和“产业链”的融合，形成具有国际竞争力的纳米产业链，为行业和区域发展提供科技支撑。会聚了一批国内外优秀的纳米科技领军人才和团队，形成了基础研究—技术创新—成果产业化的创新产业链，致力建设遵循市场与创新规律的纳米产业技术孵化中心。一方面，面向纳米产业发展，孵化中心通过实施“筛选、整合、转化”的机制，促进协同中心内部的创新成果转化和产业化，实现了科技成果与产业的无缝对接；另一方面，对接企业和市场的纳米技术需求，反馈给协同中心各研发分中心，进行“定制”研发，从而最终实现“研究—转化—产业化—研究”的循环科技发展之路。

（二）机制体制改革先行，引培有质有量资源

协同中心不断完善产业需求导向牵引的体制机制，建立面向区域产业需求的协同机制，引培优质资源，实现人力资源、高端试验设备、重大技术等方面的共享合作和集体攻关，在科研模式、评价激励等方面实现协同增效。一方面，协同中心汇聚政府、企业、高校以及技术转移机构等要素

资源，向区域内高校、企业和社会全面开放，为企业技术创新提供支撑；另一方面，借鉴国际科技园成功经验，会聚国际纳米科技精英，构建开放共享的协作创新网络。面向区域公共服务资源汇聚方面，依托协同中心的人才资源优势，依托协同中心的科技资源优势，结合园区原有的相关资源，开展领域内展会活动等，大力促进了海内外人才的引进和科研成果在园区的集聚。另外，建立了纳米科技公共技术服务平台，面向纳米行业开展技术咨询、技术检测、工程化运用、融资服务等一系列专业服务。

（三）突破共性关键技术，取得重大创新成果

协同中心通过发展和创新纳米技术解决区域社会发展的关键问题，中心主任李述汤院士团队、吴江区人民政府和江苏省产业技术研究院三方共建有机光电技术研究所，打通从实验室研究、中试到产业化的链条，项目总投入不低于4.65亿元；中心孵化的由苏州苏大维格数码光学公司研发的超大尺寸智能触控系统批量化应用于Acer等国际品牌，在欧盟和美国上市；路建美教授团队研发的面向污染控制和环境修复的纳米技术，建成了年产值4亿元的相关技术生产线；孙立宁教授团队孵化的博实机器人技术有限公司年产值超亿元。这些协同中心孵化的纳米技术公司为区域发展带来的效益，提升了行业和区域相关产业的竞争力。

（四）形成亮点辐射效应，引领区域产业发展

协同中心不断加大开放协同力度，吸引社会和国际纳米创新要素向中心汇聚，实现苏州纳米技术与世界同步。中心聚集纳米技术产业这一苏州工业园区“1号产业”，加大对校企合作的资金与制度支持，进一步催生纳米科技创新成果的产业孵化。协同中心已逐步建成具有重大国际影响力的学术高地、行业产业共性技术的研发基地和区域创新发展的引领阵地，以协同创新中心为核心，在苏州科教创新区内形成了“三公里纳米科技创新生态圈”，园区纳米技术产业取得丰硕成果。目前，园区成为国内外纳米科技企业、人才和投资的聚集区，成为利用国际资源提升我国纳米科技自主创新能力的重要示范区，成为引领纳米新兴产业的策源地与国内最大的纳米科技创新和产业化中心基地。

参考文献

［1］邓欣伟，刘丽娜．产学研合作体系中创新型人才培养路径研究［J］．辽宁经济，2020（4）：76–77.

［2］李含，侯丽华，张 强．“产学研合作”背景下高校创新型人才培养协同机制探析［J］．黑龙江科学，2020，11（13）：46–47.

［3］薛万新．产学研融合创新的国际借鉴及其发展对策［J］．创新科技，2020，20（7）：85–92.

［4］程功鹏等．高校协同创新理论与实践［M］．北京：中国农业出版社，2017.

［5］刘良灿，刘昌年，李毅心等．产学研协同创新研究综述与评述［J］．价值工程，2020（2）：298–299.

［6］李学宁．发达国家产学研协同创新实践分析［J］．中国高校科技，2019（12）：76–79.

［7］孙浩进．我国产学研技术创新战略联盟模式的国际经验借鉴［J］．中国市场，2018（8）：6–9.

［8］李国强．英国产学研界呼吁新政府重视科研和创新［J］．世界教育信息，2019（17）：73–74.

［9］李文娟，朱春奎．国际产学研合作研究进展与展望［J］．管理现代化，2020（2）：119–122.

［10］孔江涛，蒋苏南，谈戈．英国高效能国家创新体系架构产学研融合创新的国际借鉴及其发展对策［J］．全球科技经济瞭望，2019（7）：7–14.

［11］方勇，杨京宁．目标导向视角下创新英国的运行与管理研究［J］．科研管理，2017（1）：20–26.

［12］武学超．美国联邦政府推动产学研协同创新的路径审视：政策工

具视角［J］. 高教探索，2017（5）：71–77.

［13］徐敏赛 . 竞争优势培育视角的商业孵化机制［D］. 杭州：浙江工业大学，2019.

［14］吕文越，沈雍，郑超男 . 美国政府资助产学研协同创新对我国的政策启示［J］. 经济研究导刊，2017（16）：177–179.

［15］王海芸 . 日本筑波科学城发展的启示研究［J］. 科技中国，2019（3）：20–27.

［16］魏素敏，王敬英，顾玲琍 . 日本筑波管理模式对我国科技园区的启示与借鉴［J］. 安徽科技，2019（9）：17–21.

［17］薛万新 . 德国产学研协同创新驱动机制及其对我国的启示［J］. 创新科技，2017（1）：4–8.

［18］张俊涛，陈卓 . 创新驱动河南省经济高质量发展的对策研究［J］. 创新科技，2019，19（7）：77–82.

［19］糜志雄，张斌 . 产学研协同创新的现状、问题与对策［J］. 宏观经济管理，2019（10）：46–51.

［20］刘晓燕. 以新作为推动科技工作取得新成效［J］. 今日科技，2018（4）：38– 39.

［21］Serrano V.，Fischer T. Collaborative Innovation in Ubiquitous Systems［J］.Journal of Intelligent Manufacturing，2007，18（5）：599–615.

［22］李长萍，尤完，刘春. 中外高校产学研协同创新模式比较研究［J］. 中国高校科技，2017（8）：14–17.

［23］杨晨露 . 构建以企业为主体的产学研协同创新模式研究［D］. 南昌：江西师范大学，2014.

［24］温裕峰 . 高校带动型产学研协同创新模式研究［D］. 桂林：广西师范大学，2015.

［25］李晓慧，贺德方，彭洁. 美、日、德产学研合作模式及启示［J］. 科技导报，2017（19）：81– 84.

［26］李波 . 日本大学产学研合作现状及其启示［J］. 河西学院学报，2004（4）：87–89.

[27] 李校堃. 国外产学研合作模式概述及其对我国高校教学的启示[J]. 现代企业教育，2014（10）：172.

[28] 费艳颖，姜国峰，王越. 美日韩大学参与产学研协同创新模式及对我国的启示[J]. 科学管理研究，2014，32（1）：106–109.

[29] 白雪飞，王雪艳. 产学研协同创新运行模式及优化策略[J]. 沈阳师范大学学报（社会科学版），2015（4）：54–57.

[30] 颜军梅. 高校产学研协同创新模式分类及实现路径研究[J]. 科技进步与对策，2014（9）：27–31

[31] 鲁若愚，张鹏，张红琪. 产学研合作创新模式研究——基于广东省部合作创新实践的研究[J]. 科学学研究，2012（2）：186–193.

[32] 王文岩，孙福全，申强. 产学研合作模式的分类、特征及选择[J]. 中国科技论坛，2008（5）：37–40.

[33] 张小萍. 深化产学研合作技术创新模式的政策路径探析：基于深圳市宝安区的实证研究[D]. 厦门：厦门大学，2012.

[34] 刘桂峰，刘琼，孙华平. 高校产学研协同创新服务模式研究[J]. 图书馆学研究，2014（15）：65–71.

[35] 华贤. 产学研协同创新主体间利益协调研究[D]. 西安：西安科技大学，2016.

[36] 王进富，张颖颖. 产学研协同创新机制研究——一个理论分析框架[J]. 科技进步与对策，2013（16）：1–6.

[37] 李小妹，纪春明. 产学研协同创新视域下的评价问题研究——基于高校作为创新主体的视角[J]. 河北工业大学学报（社会科学版），2017（3）：20–27.

[38] 吴琨，殷梦丹，赵顺龙. 协同创新组织模式与运行机制的国内外研究综述[J]. 工业技术经济，2016，35（4）：9–16.

[39] 于天琪. 产学研协同创新模式研究——文献综述[J]. 工业技术经济，2019（7）：88–92.

[40] 加快实施创新驱动发展战略　加快推动经济发展方式转变[N]. 人民日报，2014–08–19.

[41] 方炜，牛婷婷. 产学研项目利益相关方关系网络演化动力研究

[J]. 科学学研究，2017（5）：746–753.

[42] 习近平谈治国理政 [M]. 北京：外文出版社，2014.

[43] 习近平 . 在中国科学院第十七次院士大会、中国工程院第十二次院士大会上的讲话 [N]. 人民日报，2014-06-10.

[44] 马文聪，叶阳平，徐梦丹等 . “两情相悦”还是“门当户对”：产学研合作伙伴匹配性及其对知识共享和合作绩效的影响机制 [J]. 南开管理评论，2018（6）：95–106.

[45] 吴慧，顾晓敏 . 产学研合作创新绩效的社会网络分析 [J]. 科学学研究，2017（10）：1578–1586.

[46] 王东京 . 产学研何以脱节 [N]. 学习时报，2015-10-12.

[47] Laanan F.S.Community College as Facilitatorsof School to Work [M]. Los Angeles CA ：ERIC Clearing House for Community Colleges，1995.

[48] 白逸仙 . 高水平行业特色高校“产教融合”组织发展困境：基于多重制度逻辑的分析 [J]. 中国高教研究，2019（4）：86–91.

[49] 董剑 . 深化人事机制体制改革　构建协同创新管理新模式 [J]. 中国高校师资研究，2013（2）：15–18.

[50] 余晓芳，刘耀东 . 创新驱动发展战略背景下高校产学研协同创新机制研究 [J]. 理论月刊，2019（12）：155–160.

[51] 杨 阳，王穗东，郁秋亚 . 政产学研用融合创新与高校创新能力提升的路径突破——基于苏州纳米科技协同创新中心的案例研究 [J]. 中国高校科技，2020（1）：96–99.

[52] 阮少伟 . 协同创新背景下“政产学研”合作新型研发机构的构建 [J]. 中国高校科技，2021（3）：71–74.

[53] 周敏 . 促进政产学研用合作的对策与建议 [J]. 中国高校科技，2013，7（21）：66–67.

[54] Cheng H.，Zhang Z.，Huang Q.，et al.The Effect of University-industry Collaboration Policy on Universities'Knowledge Innovation and Achievements Transformation ：Based on Innovation Chain [J]. The Journal of Technology Transfer，2020，45（12）：522–543.

[55] 张晓东，李成 . 构建政产学研合作平台探索服务地方经济建设新

途径［J］. 中国高校科技与产业化，2010，5（28）：54–56.

［56］陶永亮 . 政产学研协同创新演化博弈分析及政策建议［J］. 科技和产业，2020，20（4）：20–25.

［57］张晓玲 . 我国政产学研用协同创新的政策法规体系研究［J］. 经济研究导刊，2017（18）：195–197.

［58］洪林，夏宏奎，汪福俊等 . 产学研协同创新的政策体系与保障机制——基于“中国制造 2025”的思考［J］. 中国高校科技，2019（4）：74–76.

［59］丁良喜，白书华，曹莉 . 应用型大学科技成果转化路径创新［J］. 中国高校科技，2019（12）：82–83.

［60］韩俊 . 装配式建筑参数化构建库设计研究［D］. 武汉 ：湖北工业大学，2018.

［61］满海雁，陈明 . 论政府在“政产学研金介”战略联盟中的角色定位与功效发挥［J］. 科技管理研究，2011（6）：17–20.

［62］唐国坤，王雪 . 产学研合作创新平台的分析与探索［J］. 科技与创新，2020（18）：84–85+88.

［63］王晓雷，李志霞，柴欣等 . 应用型创新人才培养模式下“产学研创”成果研究［J］. 科技与创新，2018（6）：116+119.

［64］郑彤彤 . 产学研协同创新的内涵、模式与运行机制研究［J］. 湖北社会科学，2017（5）：169–173.

［65］牛风蕊 . 基于产学研合作的地方高校协同创新模式及路径探索——以福州大学为例［J］. 淮海工学院学院（人文社会科学版），2017（10）：120–123.

［66］李兰娟. 精准定位以机制体制改革促进协同创新［J］. 中国高等教育，2013（10）：27–28.

［67］王焰新 . 大力推进协同创新　加快高水平行业特色大学建设［J］. 中国高等教育，2014（3）：63–65.

［68］陈洪捷 . 在传统与现代之间：20 世纪德国高等教育［J］. 高等教育研究，2001（1）：88–94.

［69］马继洲，陈湛匀 . 德国弗朗霍夫模式的应用研究——一个产学研

联合的融资安排［J］. 科学学与科学技术管理，2005（6）：53–55+86.

［70］田青 . 协同创新视角下企业技术创新主体地位的实现［J］. 中国科技论坛，2015（10）：69–73.